波士顿咨询工作法
精准发现问题

［日］内田和成 —— 著
萧秋梅 —— 译

中国友谊出版公司

目　录

前　言　I

第一章　你解答的问题正确吗

1.1　解决问题，一切从设定问题开始　3
　　如何把蛋糕二等分　3
　　最严重的错误，就是针对错误的问题作答　4
　　"要打什么样的广告"是应该作答的问题吗　6
　　开发新产品是否有助于公司发展　7
　　问题的关键在于"既有客户"　9
　　改变论点促使合作成功　11

1.2　在解决问题的过程中论点扮演的角色　15
　　以论点思考重建纽约的朱利安尼　15
　　严禁违规穿越马路，使重大刑案发生率降低　16
　　首先对被指派的问题存疑　18
　　论点思考，解决问题的最上游步骤　19

第二章　筛选可能的论点——策略思考的出发点

2.1 论点思考的"论点"究竟是什么　23
针对课题排定优先级，缩小范围　23
论点思考的四个步骤　24

2.2 论点不等于现象　28
【案例】公司遭遇小偷　28
【案例】陷入经营不善的餐厅　30
【案例】少子化问题　32
避免在设定论点之前直接解决问题　37
一般问题不足以作为论点　39
那真的是论点吗　41

2.3 论点会变动　43
论点因人而异　43
论点随着环境而变化　44
论点会不断进化　46
通过工作或讨论，可找到其他论点　47

第三章　通过大胆推测、看清脉络好坏锁定论点

3.1 大胆推测　51
如何知道好的钓鱼场——建立假说　51
从似乎能够明确区分黑白之处切入　52
探索委托人较不关心的领域　54

　　　　连锁式切入法——询问五次"为什么"　　55

　　　　是继续深掘，还是另起炉灶　　56

　3.2　**看清"脉络好坏"**　59

　　　　坚持"问题一定要有办法解决"　　59

　　　　舍弃解决概率低的论点　　60

　　　　辨别脉络好坏　　64

　　　　选项多寡也是重要因素　　65

　　　　只要实行就有成效的论点，就是"脉络好"的

　　　　　论点　　67

　　　　想要一网打尽，最后却一事无成　　69

　　　　经验有助于提高命中率　　72

第四章　确认全貌、掌握论点

　4.1　**进行探查**　75

　　　　抛出问题，观察对方的反应　　75

　　　　建立"论点假说"的三种切入法　　77

　　　　反复提问，才能找对问题　　79

　　　　出其不意地提问，有助于找对问题　　81

　　　　到现场实地探查　　82

　　　　除了访谈，也要亲赴现场实际感受　　84

　4.2　**摸清委托人的本意**　86

　　　　思考发言的动机、意图、背景　　86

　　　　凭直觉听懂对方的"弦外之音"　　88

　　　　易地而处，站在对方的立场思考　　90

　　　　让对方既兴奋又期待的提案　　91

　4.3　参照"抽屉"，善用脑中的隐形数据库　　93

　　　　"抽屉"，改变聆听的角度　　93

　　　　【案例】增加奥运金牌的方法　　98

　4.4　将论点结构化　　100

　　　　整理筛选的论点　　100

　　　　思考位于上层概念的论点　　101

　　　　结构化也需要推测　　105

　　　　有时也会考虑效果，从中小论点着手　　107

　　　　制作虫蛀树　　109

　　　　切记，论点具有层次上的差异　　110

　　　　掌握全貌，从眼前工作着手　　115

　　　　找到论点后建立结构　　116

第五章　通过个案掌握论点思考的流程

　【案例】你接到上司指示："原料费不断上涨，希望你能解决成本的问题。"　　121

　　　　首先，从掌握现象开始　　121

　　　　大胆推测　　123

　　　　通过访谈输入相关信息　　125

　　　　对照抽屉——借鉴类似案例　　127

　　　　通过结构化确认论点　　128

不能当一辈子作业员　131

从论点导出的解决方案　133

第六章　如何提高论点思考能力

6.1　随时抱着问题意识做事　137

不断思考"真正的问题是什么"　137

问题意识能够培养论点思考能力　138

6.2　改变看事物的角度　140

提升论点思考能力的三要素——视野、立足点、角度　140

视野——把目光转向平时忽视的方向　140

立足点——抱持"比现职高两级"的心态工作　142

角度——尝试改变切入点　146

6.3　思考多个论点　154

提不出问题是很危险的事情　154

思考替代方案时，上下左右的论点很重要　156

明确自己所主张的论点　159

想象反对者的意见　159

6.4　增加抽屉　163

问题意识有助于充实抽屉中的内容　163

不搜集、不整理、不记忆　164

遭人反驳时，记得闭嘴聆听　166

- **6.5 论点思考的效用** 167

  如何指派成员完成工作 167

  视成员的能力，分别使用不同层次的论点 170

  为了培育人才，给予论点胜于给予假说 172

  偶尔容许失败 174

- **6.6 论点与假说的关系** 175

  论点思考与假说思考密不可分 175

  解决问题的过程，其实需要再三来回 176

后　记 178

前　言

我想很多人都有这样的经历：明明照着上司的指示解答了问题并予以执行，但是不知为何，上司并不满意。

可能上司本就是挑剔的人，不过，很多时候是因为我们解决的是"错误的问题"，才无法让上司满意。

虽然解决问题是工作中重要的一环，然而前提仅限于破解"正确的问题"。

职场和学校不同，没有人会教导我们"如何解决这个问题"。也许刚开始时，上司会指示我们"解决这个课题"，但是慢慢地，必须自己思考"课题是什么"，甚至必须自行思索解决方法。如果没有培养这种能力，就当不了领导或经营者。

如果因为某些机缘，欠缺这种能力的人当上了领导或经营者，其率领的组织或团体就会因为不知道应解决什么课题，从而陷入没有方向、如无头苍蝇般混乱的状态。

怎么做才能找到问题所在或应解决的问题呢？波士顿咨询公司（The Boston Consulting Group，以下简称 BCG）将应解决的问题（课题、议题）称为"论点"。在公司内部几乎天天都有这样的讨论："这个项目计划的论点是什么？""这里的论点是这个和那个。"

I

所谓"论点",指的是"应该解决的问题",而确定所需解决的问题的过程,即为论点思考。问题解决的过程按如下的步骤进行:

先从几个可能的论点当中设定真正的论点,再针对该论点想出几个解决方案,然后从中选择最佳解决方案,付诸实践。换句话说,论点思考位于问题解决流程的最上游。

如果一开始设定了错误的论点,处理的就是错误的问题,那么即使之后的问题解决工作做得再正确,也不会出现有意义的结果,只能回到设定论点的原点,从头再来。如果想在短时间内提出解决方案,一开始的论点设定十分重要。

企业都有数不尽的问题,即使想一一解决,也没有时间,且人手不足。工作都有期限,且能自由运用的工时有限。因此,必须先从中筛选出应优先解决的问题,再着手去解决,如此才能彰显成效。我想各位读者都已了解,若要彰显成效,选择的问题极为重要。

正确地设定论点,将会限定思考的方向,舍弃不需要思考的部分,这是论点思考的好处。

一位优秀的管理顾问会把自己的经验和直觉、顾客(或自己的上司)的问题及对于现象的解释等所有要素相互对照后,再设定论点。如果是合伙人层级的管理顾问,他可能会把调查、分析工作全权交给下属处理,但对于论点设定,他一定会亲力亲为。

本书试着把一直以来存放在管理顾问头脑中的知识、一般被认为只有专家才拥有的高超技艺,以因数分解的方式,转化为读者所能理解的形式并详加说明。

笔者在前作《波士顿咨询工作法：精准预测答案》中，主要阐述了如何用最高的效率、最有效的方式解决问题，有幸获得了读者的许多反馈，比如有读者说："还好有这本书，让我处理工作的速度变快了！""读了以后才恍然大悟！"等。

这次，本书要提出下面这个问题："如果手边正在解决的问题本身就是错误的，该怎么办才好？"要想在工作领域取得成果，解决问题是一项非常重要的工作。解决的是"正确的问题"则是不成文的前提。

然而，试想你目前正在解决的问题、接下来要解决的问题，真的是正确的吗？会不会有其他应解决的问题？请试着利用这个机会，思索这个问题，这也是本书的目的之一。

本书如能对众多希望厘清问题真正本质的职场工作者有所帮助，将是笔者最大的荣幸。

内田和成

第一章

你解答的问题正确吗

1.1　解决问题，一切从设定问题开始

如何把蛋糕二等分

进入正题之前，首先想请读者回答一个经典的谜题，让各位暖身一下。

【问题】

　　A和B两人的面前有一个蛋糕，想把蛋糕分成彼此都能接受的二等分，应该怎么分？

不知道你怎么看待这个谜题，你认为"问题"的核心是什么？

也许你认为这个谜题问的是"怎么做才能正确地二等分"，于是，为了平均切成二等分，你会用尺子测量以决定从哪里下刀，或是考虑蛋糕上面草莓的数目和大小、鲜奶油的多寡，或在苦思怎么做才能切得又平均又漂亮……要把蛋糕二等分，还真令人煞费苦心。看来，正确地均分蛋糕颇为困难。

然而，这个谜题的问题核心，并非"精确地将蛋糕平分为两份"，而在于"让两人都可以接受"，没有精确平分为两份也无妨。

"怎么做才能让双方都接受"，才是问题的核心。

不知道你刚刚是否正确掌握了问题的核心？

正确答案应是：A 应尽可能地把蛋糕平均切成两份，然后由 B 先选取喜欢的一块。

因为蛋糕是 A 自己切的，所以不管 B 选哪一块，A 都可以接受。而 B 会选择对自己有利的一块，当然也能接受这一结果。如果认为问题是"怎么做才能正确地二等分"，那么在解决时就会煞费苦心。而若把问题的核心放在"怎么做才能让两人接受"上，解决方案执行起来就非常简单了。

与此谜题极为类似的情形，莫过于遗产继承。遗产继承常引起纠纷，所以有时候不是"继承"而是"争承"。与前述的谜题一样，如果把"怎么做才能平分遗产"当成问题核心，就难以解决问题。即使委托第三人鉴价，算出资产总额，再将金额均分，当事人还是会不服气，产生诸如"为什么弟弟分到祖宅，我是长子却只分到度假的别墅？""一直都是我负责照看父母，为什么分到的财产却和不曾来探病的弟弟一样多？"等问题。引起纷争的原因并非物质层面的利害得失，而是对情感付出的计较。

其实，遗产继承的真正问题并不在于"如何均分"，而在于"如何让继承人心服口服"。

最严重的错误，就是针对错误的问题作答

亟欲在商务领域获得成果时，解决问题是非常重要的一环。

此时，人们往往认定自己正在解决"正确的问题"。

然而，试想你正在解决的问题、接下来要解决的问题，这些问题设定得是否正确？

很遗憾，并不是每次都正确。一旦问题设定错误，即便解决了该问题，也没有任何成效。

彼得·德鲁克在《人、思想与社会》一书中提到："最危险的事情并非给出错误的答案，而是提出错误的问题。"

此外，德鲁克在《成果管理》中提到："重要的不是追求分析技术的完美，而是厘清与意见对立或与判断有关的问题。需要的不是给出正确的答案，而是提出正确的问题。"

德鲁克的话可谓一针见血。察觉真正的问题，是现今职场工作者必备的能力。若对直到问题解决为止的整个过程做个解析，则步骤如下：

问题设定→拟定、提出解决方案→实行→问题解决

如果在最上游的"问题设定"阶段出错，那么即使之后尽力解决问题、执行解决方案，也得不到应有的成果，只会浪费时间和精力。

人们一直反复强调问题解决的重要性，关于解决问题所需的各种方法的书籍，也陈列在书店里。如果以"解决问题"为关键词，在日本亚马逊书店中搜索，将出现一千本以上的日文书籍，由此可见大家对解决问题的需求之高。

然而，事实上，在此之前还有更重要的事要做——从看似是问题的事物当中发现真正的问题，确定应解决的问题。

这个"真正的问题""应解决的问题"即论点。而"设定论点"这个位于解决问题最上游的步骤，就是"论点思考"。

"要打什么样的广告"是应该作答的问题吗

为了让便利店陈列并销售自家公司的商品，食品制造商 A 公司正在研讨相关的广告策略。上司给市场营销人员的课题是：应该主打什么广告，才能让便利店愿意销售我们公司的商品？

据称，该公司之所以开始思考"要打什么样的广告"，是因为该公司业务人员向便利店采购人员询问为什么不销售自家公司的商品时，对方回答："因为你们的商品没有在电视上打广告。"

然而，问题并不那么单纯。纵使在电视上打广告，商品也未必上得了便利店的货架。即使上得了便利店的货架，也未必畅销。A 公司希望在便利店铺货近一百种商品，但不可能为每一种商品都打广告，这将耗费庞大的营销费用。

此外，如果前往便利店看看货架上陈列的商品，会发现有不少商品并未打电视广告。

那是便利店主动想要上架销售的商品。即使没有在电视上打广告，只要消费者有需求，便利店就会上架销售。

其中就有哈根达斯、奇巧巧克力。因为这些商品有其独特性，其他厂商无法模仿。从几年前开始，奇巧巧克力在日本就一直被当成升学考试的护身符，广受考生支持。因为奇巧巧克力的日文发音"KITOKATO"与"必胜"的日文发音"KITTOKATSU"极为相近。而在网络上开展的"考试包中的商品"调查中，奇巧巧克力也名列前茅。可见，只要商品本身有其独特性，便利店就会主动上架销售。

相对于此，当有多家厂商推出类似商品时，投放了电视广告的商品会因为提高了认知度而更畅销。

许多为便利店供货的制造厂商，都以为商品不打电视广告就上不了便利店的货架，其实这是成见。换句话说，"应该打何种广告，便利店才会销售我们的商品"并非论点，"究竟该怎么做，才能不打广告也让便利店销售我们的商品"或"该怎么做才能形成产品差异化"才是论点。只有在这两个论点都无法解决问题时，"该打什么样的广告"才会成为论点。

开发新产品是否有助于公司发展

假设接到某企业专用机器厂商B公司的委托，要求为其公司拟定发展策略。这几年B公司的营收不断下滑，为此，其经营者前来委托，希望能为该公司想一想"开发何种新产品""推行何种市场营销策略"的问题。

然而，在当前日臻成熟的日本市场，找不到可在一夕之间带动公司发展的策略。即使针对"开发何种新产品""推行何种市场营销策略"等问题给出解答，想必也难有太大成效。

在这样的情况下，我们发现其他行业有可供参考的案例。以下是外资企业C公司的案例。

C公司获得成功的关键在于改变了商业模式。该公司并非借销售新产品获利，而是通过售后维修服务获取巨额利润。此种商业模式一直以来被复印机厂商和电梯厂商等奉行，而C公司据此构想，将问题聚焦于"如何在产品销售后，从客户身上获取利润"。

下面对此做法详加说明。就半导体设备而言，工厂最担心的莫过于检查设备故障引起的停工。如果设备发生故障，就无法制造半导体产品。

工厂方面的期望是，万一发生故障，希望能尽量缩短半导体检查设备停摆的时间。故障发生后及时联络厂商，并在当天之内由厂商的负责人员前来确认故障原因，在隔天带修理人员前来维修。但即使修理后随即顺利复工，从故障发生到完成复工，仍需耗费整整两天。或是一眼看出故障原因，却要花两天时间准备零件，导致四天才能修理好。从工厂的立场而言，这就白白损失了四天的产量。

C公司着眼于此，下了一番功夫研究。

例如，预先在机器内放进远程诊断装置，以便随时监控C公司的相关设备在客户工厂的运作状态。

借由此举，该公司得以事先预测可能发生的故障。另外，当接到工厂发生故障的消息时，C公司的负责人员可带着"因为做了什么操作而导致故障发生"的相关数据，即刻飞奔到工厂。换句话说，负责人员可在掌握故障原因的情况下前去工厂。

于是，造访一次工厂即可解决问题的可能性随之提高。

即使 C 公司的半导体检查设备发生故障，只需半天就可以复工，而其他公司的设备要停工二至四天。在此情况下，工厂自然会舍弃其他公司的产品，选择 C 公司的产品。

以半导体检查设备而言，要价高达数千万日元；半导体生产设备更甚，价格高达数百亿日元。对工厂而言，此项设备投资堪称巨额。如果检查设备发生故障，生产线长时间停产，损失将极为惨重。看准这点的 C 公司为了增强竞争优势，彻底发挥了创造性，极力缩短了故障设备的待修时间。

该公司的设备因此赢得了"宕机时间短"的好评，进而在巩固客户关系、提升市场占有率上取得了成绩。不过，要建立起一连串的服务体制，成本需要大增。于是，C 公司将零件、修理费、维修费的价格大幅提高。例如采取"把用于设备的特殊零件的价格定得极高，但是如果与该公司签订年度维修合约，则该特殊零件免费"等方式。由于年度维修合约要价极高，只要签约数年，相关费用便足以买一台新设备，因此该公司的利润大增。这种不靠新产品提高营收，而是思考如何通过现有产品获利，留住既有客户的策略，可以说十分奏效。

问题的关键在于"既有客户"

B 公司的经营者思考的论点——"应开发何种新产品""应推行何种市场营销策略"，只有在付诸行动后才能得知是否有成效。

若想持续提高营收，需要不断推出新产品。

一般而言，拟定发展策略时，都会有"发展等于增加营收"的刻板观念。为了增加营收，往往会把开发新产品、通过市场营销策略拓展新客户等设定为论点。但是，新产品是否能如愿热卖，营销策略是否有助于赢得新客户，我们不得而知。

经过重新思考，我们会逐渐看到不同的方向，也就是"如何从既有客户身上提高收益"这个论点。

若要从既有客户身上获取收益，就必须掌握客户需求，"如何了解客户需求"这个附带的论点，也会随之浮现。B公司的研发、技术、制造部门隶属于总公司，销售和维修服务分别由子公司、孙公司负责。

虽然孙公司深知客户需求，但是他们的意见鲜少能够完整地传达给子公司、总公司。总公司在未掌握客户需求的情况下，总是不断在提升检查设备的功能上着力，比如提高检查精准度、增加一秒钟的可检查量等。孙公司虽知客户需求并非购买功能优越的检查设备，而是希望把故障造成的停产时间控制在最小限度内，却没有把这个需求传达给总公司。

因此，B公司有必要建立一个听取服务维修一线人员意见、掌握客户需求的机制。具体而言，即通过组织重整，把销售、维修服务纳入总公司的业务，掌握客户需求，加强客户服务，进而成功地从既有客户身上获取更多收益，顺利达成营收与获利双双增加的目标。

B公司原先委托的论点是"应开发何种新产品""应推行何种

市场营销策略"。然而，即使针对该问题提出解决方案，也无法带动 B 公司的发展。

因此，新论点应设定为"如何从既有客户身上获取收益"。

获得的结论是：建立机制，以有效掌握维修服务一线的意见与客户需求，加强售后服务，进而成功地提升收益。

不过，在公认已无开发新产品的余地，只能靠价格取胜的行业，也可以借着开发新产品建构起新的竞争优势。下面是欧洲某影印纸制造商的案例。

一直以来，大家都认为每家厂商的影印纸质量大同小异，所以"价格"几乎是企业决定采购与否的基准。换言之，影印纸就是所谓的"标准品"。然而，有家厂商针对客户需求进行了详细的调查，结果发现，客户最为不满的并非价格，也不是纸张的颜色、质量、触感（摸起来是否光滑细致），而是总在赶时间的节骨眼上发生卡纸的情况。相信大家也有同样的体验。于是，该制造商不再把重点放在纸张的外观上，而是转而研发不会使复印机卡纸的纸张。据称结果深受好评，该公司也因此免于陷入降价竞争的恶性循环。

这家制造商发觉真正的论点并非顾客注重采购价格低廉的纸张，而在于提升影印效率，因此提出了正确的解决方案。

改变论点促使合作成功

我们曾受日本信息技术厂商 D 公司委托，为其拟定合作策略。他们的委托内容是：在全球的企业赢家中，哪家是最好的合作对象？事实上，D公司早有心仪的合作对象——美国信息技术大厂E公司。

然而，我的直觉是：即使和赢家联手也没什么用。如果和已跻身赢家地位的E公司合作，对E公司而言，D公司很可能只是其众多合作对象当中的一个。D公司不但很难取得有利的合作条件，合作后恐怕也无法在事业上掌握主导权，搞不好还会被当成E公司的子公司对待。我当时认为D公司设定的论点"在全球的企业赢家中，哪家是最好的合作对象"是错误的。

相较之下，我认为合适的论点是：和哪家公司联手，自家公司才会跻身赢家地位，并使对方也成为赢家。合作伙伴应各自贡献彼此的专精领域成果，追求共存共荣、建立双赢关系，也就是要有"彼此在联手之后，不单是一加一等于二的效果，而是能变成三、变成四"的想法。

这家信息技术公司最后选择和另一家当时还称不上是赢家的美国企业F公司合作，成功开发了手机中的重要系统。该系统此后成为业界标准，D公司、F公司也因此同时获得了大幅发展。

如果维持原来的论点，即"全球的企业赢家中，哪家是最好的合作对象"，并据此进行市场调查，从强项、弱点、技术、服务提供力、市场营销力等方面进行判断，那么必定会得出如下答案：D公司原先的候选E公司是最适合的合作对象。

但是，将论点改为"和哪家公司携手，自家公司才会跻身赢家地位，并使对方也成为赢家"后，便可找到其他答案。

"即使和赢家合作也没有用"是我根据自身经验做出的判断。

十多年前，我曾带领访日的BCG高科技领域顾问，前去拜会多家日本大型企业。当时，日本厂商都异口同声地问及"第二个微软在哪里"，他们的想法是希望比其他厂商早一步发现第二个微软，并与对方合作。

当时我心里想，难道就不能抱有"和哪家公司合作，自家公司才会跻身赢家地位，并使对方也成为赢家"的想法吗？正是因为有这种价值观与信念，我才会质疑"哪家企业是赢家"的论点，心想：这样问，真的好吗？

老实说，我当时真正希望厂商们问的是："究竟怎么做才能变成第二个微软？"然而没有一家日本企业提出这样的问题。即便现在碰到相同的情况，恐怕也鲜少有日本企业会提出这样的问题。这是日本企业的弱点。

无论如何，如果没有改变论点，D公司恐怕不会有今日的成功。因此，确定论点的重要性可见一斑。

不管解决问题的能力多么强，若是针对错误的问题作答，一切都是枉然。如果弄错了应作答的问题，就算给出的答案再好，也对工作毫无用处，甚至会使公司遭受损失。

在学生时代，只需要针对考卷上的试题作答，所以正确、高效率的解题方法成为教育的重心。学校绝对不会在语文试卷中掺杂数学考题，或出现"其中包含必须作答的试题与不作答也无妨的试题，请考生自行判断"之类的考题。

然而，在职场中，不会有人教我们"你应该作答的问题是这个，不是那个"。即使有上司，也不能确定他们会交付给我们正确的问题。每个人都必须自行从中发现问题，进而正确定义论点。

这就是论点思考。所谓论点思考，就是定义"自己应作答的问题"的过程。在论点当中，有最根本的概念，称为"大论点"，指应在自己的工作中完成的最终目标。

另一方面，在大论点之下，还有许多在逐步解决大论点之际，必须厘清的问题点或应解决的问题。这些即为中论点或小论点，也就是把大论点分解为一线人员或承办人层级的问题。

放眼大论点，掌握自己的问题——中论点、小论点，是现代的职场工作者必须具备的能力。

1.2 在解决问题的过程中论点扮演的角色

以论点思考重建纽约的朱利安尼

问题解决能力强的人,其实就是论点思考能力强的人。

每当说到问题解决能力,人们总是把焦点放在"如何解决既有问题"上,却不知是因为一开始的问题设定得高明,才能漂亮利落地解决问题。找对问题核心才是解决问题的关键,胜负早已因论点思考的巧拙而定。

前纽约市长鲁迪·朱利安尼在1994年至2001年的任期之内,在打击纽约市的重大犯罪事件上做出了亮眼的成果。除了凶杀案降为原来的2/3,其他犯罪案件也减少了57%,枪击案件减少了75%。他成功地把纽约市的犯罪率抑制到全美平均值以下,纽约市成为全美最安全的大城市,他也赢得了"净化纽约市的市长"的美名,并以"令犯罪率降低最多的市长"提名吉尼斯世界纪录。

他在自传《领导》一书中指出:"长期以来,每当开始投入新计划,我总会尽量在很早的阶段,就开始在脑海中勾勒明确且关键的胜利示意图。不必一开始就跨出一大步,以清楚易解、容易找出解决方案的小问题为佳。只要提出解决方案,就会萌生希望。选民、下属,其至原本站在批判立场的人,都会察觉我并非光说不练,而是真正付诸行动,令问题出现明显的变化。"

朱利安尼就任纽约市长之初,社会大众的想法是:没人能改善得了纽约。市政在许多层面都需要做彻底且根本的改革。问题堆积如山,又不能一次全面解决。究竟先从什么问题下手,正是展现其高超手腕之处。

在竞选活动期间,他就在政见中宣称"要让纽约成为安全城市",上任后他立刻着手研拟打击犯罪的对策。然而,减少犯罪需要时间。另外,不仅要降低犯罪率,还必须让市民有切身感受,认为纽约市政府确实在积极改善治安。

严禁违规穿越马路,使重大刑案发生率降低

首先,他从"洗车流氓"的问题着手解决。这个论点是:如何减少街头的洗车流氓。所谓"洗车流氓",指的是那些走近等待红灯或因堵车而停下的车子旁,擅自擦拭车窗之后,要挟驾驶人并强迫对方付钱的无赖。

他之所以率先处理此问题,是基于下述理由:洗车流氓在桥梁或隧道附近的行径特别恶劣又嚣张。如果游客在最初抵达或即将离开纽约之前,去过的场所都充斥着犯罪行为,当然无法安心游玩。

如果没有当场逮捕对开车者暴力相向或敲诈勒索的洗车流氓,事后就不能再逮捕他们,因此在一开始实施这项措施时,人

们认为不可能收到成效。

不过,他根据自己担任检察官的经验,想到以"漠视交通规则、违规穿越马路"为由,明令禁止这些洗车流氓的嚣张行为。不管有没有勒索驾驶人,只要行人走进车道,就触犯了交通法规。这时就可以开出违反交通规则的罚单。而在这个阶段,可调查违规者是否有前科或被通缉。结果该措施实施不到一个月,洗车流氓就已锐减。

"每个人都清楚地看到了改变。不管是市民还是游客,都乐于见到这样的变化。游客增加,纽约市的收入会随之增加,市民的工作机会也相应增加。这是最初的成果。"(摘自《领导》)

要重建纽约,这是值得纪念的第一步。换句话说,他把"如何减少街头的洗车流氓"设定为第一个应解决的论点。

他的政策被称为"绝不宽容的政策"。他把预算分配的重心放在警力配置上,除了增加五千名警察,加强街头巡逻之外,还彻底禁止了任意涂鸦、未成年抽烟、搭霸王车、扒窃等行为。

一般认为,这些措施的依据是"破窗理论":当建筑物的窗户破碎时,如果置之不理或拖延修理,将成为"根本没人在意这里"的信号,进而导致这个区域成为犯罪滋生的温床,乱丢垃圾、扒窃等轻度犯罪行为也会屡见不鲜。

如此一来,当地居民的道德感将会减弱,他们不再协助小区维护安全,从而导致居住质量更加恶化,一再发生包括重大刑案在内的各种犯罪。

重要的是,如果想要维持良好的治安,那么即使是非常轻微的违反秩序的行为，也必须严厉打击。

朱利安尼注意到"重大犯罪事件的发生率不可能突然降低，不过，严厉打击轻微的犯罪行为较为容易，且能让城市变得更安全"，从而将"严禁违规穿越马路"设定为当下必须解决的课题——这就是小论点。

首先对被指派的问题存疑

我想聪明的读者已经发现，担任管理顾问的我，对于客户最初的委托（论点），总会抱着怀疑的态度。当客户委托"应该开发何种新产品""应推动何种市场营销策略"时，我会思考："解决该论点是否有助于带动客户公司的发展？"当客户委托为其"从全球的企业赢家中找出最佳合作对象"时，我会思考："和赢家携手合作，难道就能保证一定好？"

不知道各位读者在接到上司指派的课题时，会是什么反应呢？我想，可能有时想也不想、二话不说就开始思考解决方案；有时虽然心存怀疑，却因为是上司的吩咐，所以直接遵照指示办理。毕竟，提出疑问说不定会挨一顿臭骂，例如被上司怒斥："有时间东想西想，不如赶快解决问题！"但还是要请各位读者少安毋躁。

下属接到上司指派的问题时，其实问题本身不一定正确。原封不动地直接针对指派的问题作答，可能无法得出"正确的答案"，或者不能取得成效。换句话说，这对于指派问题让你解决的人毫无帮助。

接到问题时，我总是抱持"这个问题真的正确吗？"，也就是"设定的论点真的没错吗？"的观点。

当上司指派问题给你时，也就是当你接到解决问题的命令时，应该从怀疑收到的问题开始思考。

论点思考，解决问题的最上游步骤

一般而言，当职场工作者解决问题时，诸如"问题是什么""应该解决哪个问题"等问题，多半已由管理层或上司事先完成，自己只需要负责思考解决方法。

也许有人会认为，升任管理层之前，在日常业务中执行解决问题的最上游步骤——论点思考（设定论点的过程）的机会并不多，所以学了也没用。其实这种想法是错的，原因有二。

原因之一是，在看似琐碎的日常工作中，必定存在作为问题解决关键点的论点。因此，工作能够取得的成效将因处理工作时是否意识到该论点而大为不同。

明明遵照上司的指示完成了工作，却没有得到较高的评价，我想大家都有这样的经验。这是论点偏离导致的结果。相对地，有些人明明没有按照上司的指示行动，不知为何上司却大为肯定，这些别人眼里"聪明伶俐"的人，其实都正确掌握了论点。

中层上司或年轻员工同样需要论点思考的第二个理由在于，精通论点思考的关键大多取决于经验。如果没有从年轻时训练自已发现论点，特别是发现最重要的大论点的能力，那么等到有朝一日成为管理层，也只是难以顺利解决眼前问题的上司。

因此，我们可以断言，对于高管、中层上司、一般员工等所有职位的人而言，解决问题的关键，在于"论点思考"这一最上游的步骤。以前纽约市长朱利安尼为例，可以说他设定的"如何减少街头的洗车流氓"的论点极佳。

只要正确设立论点，也就是正确设定问题，就等于成功解决了问题的一半。相反，如果问题设定错误，那么后续的策略拟定与执行做得再精彩，也会由于一开始的方向设定错误，遗憾地得不到好成果。

以管理顾问公司的项目为例，只要能提出目的或论点正确的优质提案书，就可获得期待的成果，项目成功的概率也会大幅提高。因此，管理顾问公司的合伙人虽然会把其他的调查、分析工作全权交由下属处理，但是会投入自己全部的经验和能力用于提出正确的论点，并绞尽脑汁，努力做出最好的提案书。

竞争激烈的商场也一样，胜败完全取决于锁定的问题及设定的论点。

第二章

筛选可能的论点
——策略思考的出发点

2.1 论点思考的"论点"究竟是什么

针对课题排定优先级,缩小范围

当企业面临某些问题,觉得单靠一己之力无法解决时,或是当经营者觉得问题相继发生,虽不确定真正问题何在,但希望改善公司状况时,就是管理顾问登场之际。

此时,优秀的管理顾问不会想要一举解决所有问题,而是聚焦于一个课题,全神贯注地解决。

因为企业往往有不计其数的问题,纵使想要一举解决所有问题,也没有足够的时间和人力。

工作有截止期限,工时也受限。必须从众多问题中做出抉择,想办法解决真正的问题并交出成果。这么一想就会明白,想要展现成果,选择的问题极为重要。诚如前面所举的前纽约市长朱利安尼的案例,解决后可彰显成效的问题,才是好问题。

然而,一般企业对期限或工时的认知相当模糊,有些企业甚至没有这种概念。他们总是想要解决眼前所有的问题,或是企图解决以自己的能力根本解决不了的大问题,结果是所有问题都处理了一半,被不上不下地搁置起来。

此时，就要针对每个问题排定优先级，锁定一个或两个问题之后，力图找出解决问题之道。

其中最困难的事情在于设定最优先解决的问题，也就是论点。但是，不会有人来告诉我们"这就是论点"，必须自行思考"究竟什么是论点"，并判断"这真的是最优先的问题吗？难道没有其他更重要的问题吗？"

在管理顾问这一行，如果只会分析和解决被指派的问题，就称不上足以独当一面的管理顾问。一流的管理顾问必须善于发现"论点究竟是什么"。

论点思考的四个步骤

进行论点思考之际，应记住以下步骤：

步骤一：筛选可能的论点（详见第二章）；
步骤二：锁定论点（详见第三章）；
步骤三：确定论点（详见第四章）；
步骤四：通过全貌掌握论点（详见第四章）。

在此必须先说明，进行论点思考之际，并非要全盘执行这四个步骤，也不是必须按照"步骤一→步骤二→步骤三"的顺序进行。要视时间和情况，运用必要的几个步骤，也可以反复来回。另外，有时会刻意执行各个步骤，而有时是在不知不觉间进行。

在论点思考的过程中,步骤一至步骤三主要属于设定论点的环节,步骤四主要属于整理论点和确认论点的环节(详见图2-1)。

所谓设定论点,是指定义"大论点"。如前所述,大论点是数个论点当中达成目标的最上层论点,也是策略思考的出发点。也就是把委托人(可能是社长、部门上司、直属上司,有时是我们自己)需要我们解决的困扰与课题,"翻译"成自己能够了解的问题与任务。

整理、确认论点指的是针对大论点提出答案,把"应深入挖掘的脉络和单位"分解为中论点、小论点,再进行结构化。换句话说,这是为导出答案而建立假说,再逐步进行验证、反证的方法,通过横向的因数分解和纵向的上下关系,勾勒出问题全貌。这个自纵、横两个方向衍生论点的整体结构,被称为"议题树"

图 2-1　论点思考的步骤

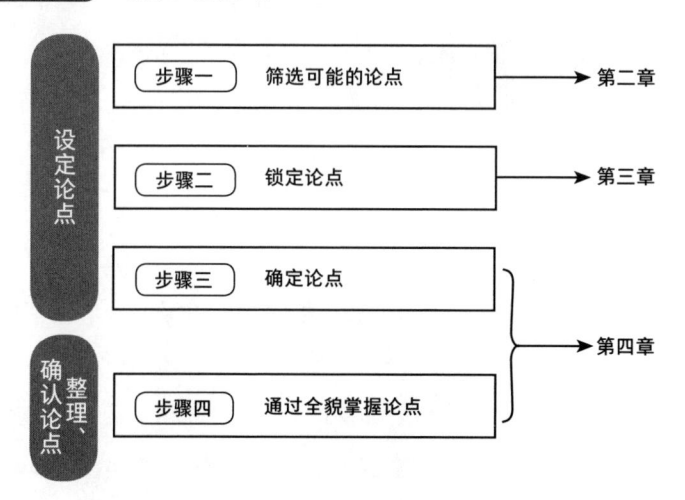

设定论点	步骤一	筛选可能的论点	→ 第二章
	步骤二	锁定论点	→ 第三章
	步骤三	确定论点	→ 第四章
整理、确认论点	步骤四	通过全貌掌握论点	

（亦称为"逻辑树"）。

其中，设定论点的部分即为论点思考的核心。简言之就是，发现哪些是应该优先解决的问题。

设定论点之际，绝不可省略"步骤一：筛选可能的论点"。为了探究"真正的论点是什么"，首先必须列举出可能的论点——这是论点思考的出发点。

如果是管理顾问，有时候顾客提出的问题就是论点。如果是职场工作者，有时候上司指派的课题就是论点。只要有"这种事天底下难得一见"的想法就对了。也就是说，对于客户提出的论点或上司指派的论点心存怀疑，往往能够较快找到答案。

问题解决速度快的人，随时都在思考真正应解决的问题——"真正的论点究竟是什么"。说得更具体一点，就是思考"问题究竟是什么？""这个问题可以破解吗？""破解之后有什么好处？"

为了找出真正的论点，必须从想到的所有可能的论点中，预测什么是真正的论点或思索脉络的好坏。下一步是直接问客户、上司："这真的可以解决问题吗？"或是对其进行访谈，参照自己脑中的数据库（本书中称为"抽屉"）等，逐步完善问题。只要能做到这点，纵使还没想到任何解决方案，解决问题的进度也大约完成九成了。

我的感觉是，经常需要在"步骤二：锁定论点"和"步骤三：确定论点"之间反复来回，有时在"步骤二：锁定论点"的瞬间，论点即可自动确定。如果预测后总觉得格格不入，有时也会试探对方，确认其真正意图，重新确认论点有无错误。即便如此，也极少按部就班地执行步骤一至步骤四的所有步骤。

不习惯论点设定的人，经常一开始就从"步骤三：确定论点"的方法之一——"对客户、上司进行访谈"——着手，想把听来的内容进行"结构化"。总之，就是认定被指派的课题即是真正的论点，毫不怀疑地去努力解决，结果往往无法提出足以让客户、上司满意的解决方案，最后以失败收场。

身经百战的老手会思考"真正的论点究竟是什么"，而初出茅庐的新手会反复进行输入和结构化——这就是老手和新手的最大不同吧。

2.2 论点不等于现象

【案例】公司遭遇小偷

为了设定真正的论点,必须先了解论点的特征。

首先,重要的是,切莫误以为现象或观察到的事实就是论点,这是最重要的大前提。一般而言,大部分被称为"问题点"的事情,往往不是真正的论点,而是现象或观察到的事实。如果把表象当成论点,那么纵使积极努力解决问题,也多半没有成效。

假设公司遭遇小偷,对公司而言,这是个大问题。不过,"公司遭遇小偷"并非论点,而是现象和事实,很多人会把两者混淆。

那么,此时的论点究竟是什么?如图2-2所示,这有多种可能。

论点一:防盗系统不够完善。

论点二:遭受损失或有遭受损失的风险。例如,现金、机密文件、设备等遭窃,或是顾客名册、专利资料等遭窃,将来恐有发生纷争的风险。

论点三:内部通报体制不够周全。其实昨天公司就已遭遇小偷，经营高层却直到今天才接获消息。

论点四：公司遭窃事件被媒体报道，导致公司形象受损。

最重要的是，锁定的论点不同，采取的对策也随之而异。比方说，针对前述四个论点的对策分别如下所述：

对策一：建立防盗系统。装设铁窗栅栏、防盗监控，与安保公司签约。

对策二：估算损失金额，调查有无保险理赔以及对公司营收的影响。

对策三：建立通报体制，拟定紧急应变计划。

对策四：掌握媒体报道的影响，讨论实施措施。

从这个案例可以了解，论点不同，对策也会随之而异。换句话说，如果论点设定错误，那么不论想出的对策有多好，也派不上用场。

图 2-2 问题点与论点的不同

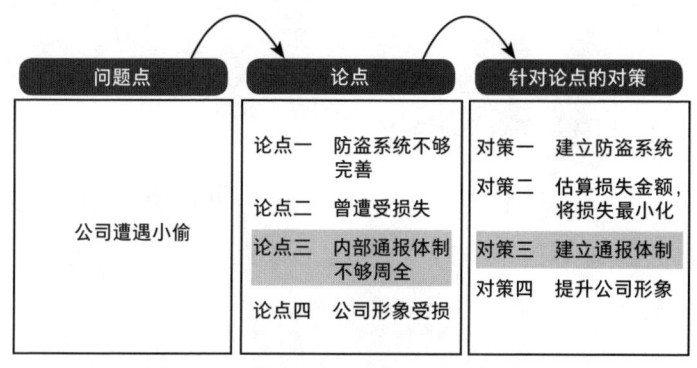

问题点	论点	针对论点的对策
公司遭遇小偷	论点一　防盗系统不够完善 论点二　曾遭受损失 论点三　内部通报体制不够周全 论点四　公司形象受损	对策一　建立防盗系统 对策二　估算损失金额，将损失最小化 对策三　建立通报体制 对策四　提升公司形象
是现象或观察到的事实，并非论点	解决全部论点没有意义，要锁定论点（■ 部分）	只解决、执行重要论点（■ 部分）

再者来说，如前所述，在挑出四个可能的论点时，必定有人想一口气解决这四个论点。但是这么一来，一定无法解决问题。

企业不能把有限的经营资源全部投入防盗系统或通报体制。如果想要完全解决四个论点，就会顾此失彼。因此，必须要从为数众多的论点中，选定当务之急，即眼前必须解决的论点，然后提出对策，并着手处理。

比方说，应该这么思考："防盗系统不够完善""遭受损失"虽然都是不争的事实，不过在这次盗窃事件中，未能将相关信息及时传达给经营者，使其及时掌握现况的"通报体制不周全"，才是最大的问题。因此，应该将这个问题列为最优先的课题，着手解决。可见"锁定论点"和"舍弃论点"等思考，在设定论点的过程中极为重要。

企业经营和学术研究的不同之处，在于企业经营不能应对所有论点。如果无法锁定焦点、设定论点，很难在有限条件下拟定有效的解决方案并落实执行。

【案例】陷入经营不善的餐厅

接下来，我用一个贴近日常生活的案例解释说明。请各位想象一家位于你住所附近、经营不善的餐厅。若问及"该餐厅的问题是什么？"大部分人都会得到下列答案。

① 很难吃。

② 没有客人光临。

③ 交通不便。

④ 没停车场。

⑤ 店面室内装潢很没品位。

⑥ 店面外观简陋。

⑦ 定价高。

⑧ 员工服务态度差。

⑨ 老板态度不好。

乍看之下，这些似乎都是问题，然而它们只是现象或观察到的事实，并非论点。

为什么我这么说？因为有些餐厅虽然老板态度不好或店面外观简陋，但是菜色口味佳或员工服务水平高，一样可以成为人气餐厅。当然，也有一些定价虽高，但是人们依然趋之若鹜、抢着预约的餐厅，比如米其林三星餐厅。

只掌握表象，并不能解决餐厅的问题，所以发现潜藏于深处的真正问题——论点，就显得极为重要。而且，A餐厅的论点很难直接套用在B餐厅或C餐厅上。此外，如果把所有课题都当成论点，想要全部解决，也是不可能的事情。

必须从现象或观察事实切入，更进一步探究"只要解决这个问题，就能改善餐厅经营状况"，即找出症结所在。

具体的例子是，对经营者进行访谈或实地调查，借此发现"定价高，口味却没有达到定价应有的水平，所以客人不会再来第二次""地点偏僻，不开车就去不了，开车支却没有停车场""菜色口味佳，但店面外观破旧简陋，除非是熟客，否则根本不想进店消费"等属于该餐厅的论点（详见图2-3）。

图2-3 现象与论点的不同

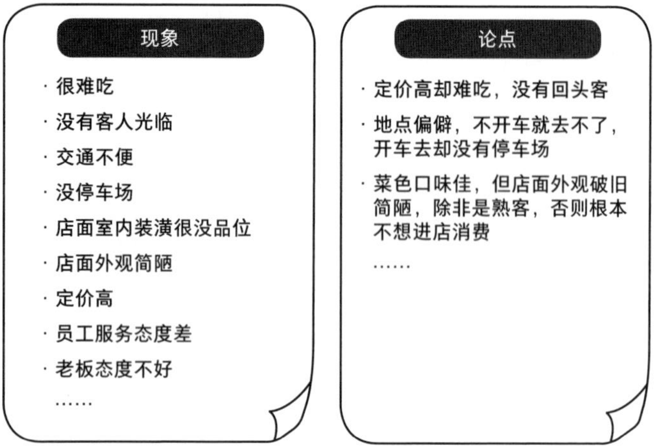

现象
- 很难吃
- 没有客人光临
- 交通不便
- 没停车场
- 店面室内装潢很没品位
- 店面外观简陋
- 定价高
- 员工服务态度差
- 老板态度不好
……

论点
- 定价高却难吃，没有回头客
- 地点偏僻，不开车就去不了，开车去却没有停车场
- 菜色口味佳，但店面外观破旧简陋，除非是熟客，否则根本不想进店消费
……

【案例】少子化问题

有一些被社会视为问题，其实不是问题的事情，例如少子化问题。

以日本为例，在20世纪70年代前半期，日本一年的新生儿人数约为200万人，近年则低于110万人。根据日本厚生劳动省公布的2007年人口动态统计显示，2007年的出生人数为1089745人，总生育率为1.34。也就是说，平均每位妇女一生中生育子女数为 1.34 人。

为了应对这个现象，近年来，日本政府设置了负责少子化对策的"内阁府特命担当大臣"等新职位，制定了《少子化社会对策基本法》等，以此作为少子化对策。

然而，少子化并非问题，而是一个现象。换句话说，少子化并不是论点。

放宽视野，从世界的层面来看，也许日本的少子化是值得庆幸的事。因为在世界各国苦于人口增加引起的粮食不足问题的背景下，如果日本的人口减少，就会降低对粮食的需求。日本无法自给自足，必须从世界各国进口大量粮食，如果进口量因人口减少而降低，那么这些粮食就会多出来。把这些多出来的粮食让给其他受粮食不足所苦的国家，势必能拯救许多生命。

少子化不过是个现象，我们应更进一步思考少子化究竟有什么坏处。

如果把少子化当成问题，究竟会产生什么样的论点？我试着列举出如下几点：

可能的论点一：一旦新生人口数减少，劳动人口就会减少，日本的生产力（GDP、GNP）也会随之下降。1995 年日本的生产年龄人口（15 岁至 64 岁）为 8171 万人，其后则逐年减少。虽然妇女和高龄者的就业率不断上升，但是劳动力人口在 1998 年达到高峰（6793 万人）后，便处于衰减中。如果新生人口数持续减少，劳动力人口将会进一步减少，预计将导致经济活动严重停滞及生活水平下降。

可能的论点二：少子化将造成老年人口（65岁以上）/生产年龄人口的比值上升，而国民年金等社会福利体制将难以维持运作。平均每位年轻人的负担将会增加，而这将降低年轻人投入工作的干劲，陷入不愿生儿育女的恶性循环。

可能的论点三：少子化将造成国家财政因为岁入减少（劳动力人口减少、经济活动停滞）和岁出增加（社会福利增加）而濒临破产。

可能的论点四：少子化将造成地方乡镇等地区老龄人口比重提高，失去蓬勃朝气。

虽然我列举了四个可能的论点，但是相关解决方案因各个论点的不同而大相径庭。

比方说，如果论点是"生产年龄人口减少"，就有增加外籍移民、建构方便女性就业的环境、创造适合高龄者就业的工作环境等解决方案。

如果论点是"年轻人的负担增加"，就必须改革长久以来宽厚对待高龄者的社会福利制度，建立一个能够减轻年轻人负担、提升他们的劳动意愿和生育意愿的环境。但是，这是一个只能请老年人含泪牺牲，以成全年轻人的解决方案。

如果问题是"国家财政濒临破产"，就不能视之为"少子化问题"，而应思考缩小差距、均衡发展等相关对策，包括建立一个"小而美"的政府、重新检视社会福利制度等。

如果问题在于"乡镇失去活力"，则必须通过地方政府推行足以让老年人乐在其中、发挥自我专长的措施，使乡镇地区保持蓬勃朝气。

由此可知，解决方案会因应解决的问题而异。

然而，目前人们看到了少子化现象就将其当成问题，并讨论得沸沸扬扬。在还没有明确设定问题的情况下，就殚精竭虑，努力想要遏止少子化，提高出生率。

显而易见，没有任何答案能够同时满足这四个论点，但是人们对此没有察觉，或者视而不见。也许这才是真正的问题。

如果把少子化当成问题进行讨论，就必须确定在前述四个假设的论点中，究竟是为了解决哪个问题而实施少子化对策。不可能在尚未确定想解决的问题之前，就着手实施少子化对策。

这时，有必要思考"这是谁的问题"。问题不但因人而变，也会随着"问题针对谁而解决"的对象的不同而完全改观。

2002年4月至2008年3月，日本企业创下连续六个年度获利增长的纪录。从企业经营的角度而言，这是自2002年起连续六个年度成功创下的佳绩。

然而员工是否因此变幸福了？并不尽然。虽然公司的业绩对经营者而言很好，但员工却未获利。企业通过减薪、削减年终奖金、裁员、由正式雇用转换成非正式雇用（短期约聘人员或计时人员）等种种措施让员工变成"穷忙族"（指虽有工作，但收入无法维持生活最低水平的族群）。

以往，只要员工努力，公司业绩就会增长，并以加薪、发奖金等方式回报员工。员工的努力会反映在薪水、奖金上，生活也会获得改善。公司和员工的关系是双赢关系。然而现在却变成零和游戏，经营者和员工的幸福指数呈反比。"让所有人都觉得快乐"的问题设定，也变得无法推进。"企业和员工的关系如何"与"究竟是为谁实施的少子化对策"等，才是人们应该讨论的问题。

因此，如果要解决少子化现象引起的年轻人经济负担加重的问题，就应针对是否应该改革为高龄者提供丰厚保障的社会福利制度等议题进行讨论。

如果从日本经济产业省、社团法人日本经济团体联合会（以下简称"经团联"）的立场来看，问题在于劳动人口减少、GDP和GNP减少，而讨论的方向则是日本政府该不该接受大量外籍移民，怎么做才能让更多已婚女性或高龄者投入就业市场。

如果从高龄者的立场来看，就应该讨论"怎么做才能让年金和医疗制度更完善"，实施可以让老年人安心度日、尽情享受、发挥自我的措施等。

如果我接到"请帮忙解决少子化问题"之类的委托，首先我会告知委托人，"少子化问题"这个论点设定得很奇怪。然后我会询问几个问题："请问你想解决少子化问题的目的是什么？是要解决谁的问题？是为了年轻人的幸福吗？还是为了国家的经济发展？又或是为了老年人的幸福？（或只是为了选票？如果是的话，我就不会接案……）"由于目的和对象不同，解决方法会大不相同。

纵使出生率获得改善，由1.34提高为1.5，人口还是会持续减少。如果只是想增加日本人口，其实只要日本愿意接受外籍移民就能解决。但恐怕日本人很难接受这个方法，因为日本社会中普遍存在移民政策弊多于利的反对意见，例如"恐怕会产生文化摩擦、社会阶层固化、歧视等严重社会问题""外籍移民也会被日本低生育率的生活形态同化"等疑虑。

事实上，日本目前就有雇用东南亚外籍劳工从事照看老人或病人等工作，但没有赢得好评。

如果认为"即便日本人口不多，只要人民生活无虞即可"，那么最务实的解决方案就是卸下"经济大国"的招牌，把日本政府组织精简到"小而美"的规模。不过，从日本政府的政治立场或是经团联的经济立场来看，这是绝对不可能列入考虑范围的对策。

如果着手解决问题之前没有厘清论点，少子化问题将无从解决。最后，为了构思解决少子化问题的对策而被任命的内阁府特命担当大臣，将成为一位不知从何下手解决少子化问题的政府官员——想必这位官员正为此苦恼不已。

避免在设定论点之前直接解决问题

同样地，"究竟该怎么做，才能让日本得到更多奥运金牌"的问题，也不能直接被称为论点。

这时，必须思考"为什么要增加奥运金牌数"。比方说，如果目的是宣扬国威，那么未必要执着于奥运金牌数。也许增加诺贝尔奖的得奖数也是可行之道。此时只要思考"将诺贝尔奖日籍得奖人数增加三倍"和"把日本选手的奥运金牌数增加三倍"，何者对日本国民宣扬国威有更大效果，再进行选择即可。

如果目的不在于宣扬国威，而在于促进国民健康，就应该思考其他有助于提升体能的措施，而非设定奥运比赛这种高水平的目标。

社会上有太多未确切设定论点，就被认为是问题的事情。因为在还没明确设定好论点的情况下就力图解决问题，所以无法破解问题。

以下探讨商业实务的相关案例，进一步说明了现象不等于论点。

假设营收处于低迷状态的 G 公司的社长说："本公司的课题是营收低迷，所以让我们设法解决这个问题吧！"

这时，身为管理层的你，会出什么招？

例如，为了增加营收采取各项行动，包括降价、打广告、提出促销方案、鞭策业务部门努力等。这些治标不治本的方法或许有如一针强心剂，会出现短暂成效，但终究难以持久。

何以如此？因为营收低迷不过是现象罢了。

另有造成营收低迷的真正原因，即"论点"。

比方说，商品本身不具有吸引力，或者商品虽有吸引力，却因渠道选择或推广策略错误，导致营收没有起色。

假设 G 公司"十年来营收一直停滞不前，且获利率不断下降"，为了改善这个状况，经营者前来寻求管理顾问的协助，面对这个委托，管理顾问该怎么处理？

首先，单是"营收停滞不前、获利率下降"，不足以成为论点，必须是类似以下的内容，才能称得上论点。

可能的论点一： 行业不断发展，只有 G 公司的营收原地踏步，获利率也不高。

可能的论点二：行业整体收益呈现低增长，G公司也不例外。不过，行业内还是有公司获利。例如，在增长迟缓的电车运输行业，还是有像京王电铁这种营收减少但获利增加的优秀公司。

可能的论点三：过去每当本行业发展趋缓时，一定会有新事业、新产品适时崭露头角，但是近来完全没有新事业、新产品登场。以索尼为例，当电视进入增长衰退期时，有随身听、随身CD播放器问世，而这两者进入衰退期时，有游戏机PS出现。换句话说，索尼以往总有能够带动公司向上发展的、划时代的新产品或新事业适时出现，但是现在的索尼并非如此。这里说的就是与此类似的状况。

可能的论点四：随着本行业逐渐萎缩，倾注心力发展新事业，能够使营收顺利增长。可是这只能勉强填补本行业营收低迷的缺口，新事业的获利率并不高。这时候，有一些次论点可供考虑，比如：从获利模式来说，新事业的获利率本就不高；或是因为还处于起步阶段所以获利率低；等等。

一般问题不足以作为论点

当经营者为"我们公司没有获利""问题在于获利比××公司差"而苦恼时，他就有必要厘清问题的本质是否如此。如果与原先拟定的计划不同，或经营者认为这么做能赚钱，但实际上未如预期般赚钱时，这才足以成为论点。

企业本来就面对无数问题。有营收或获利等数字的问题，也有员工士气低落、人才流动率高、职场环境恶劣等问题。

纵使这些都被称为"问题",但对该公司而言,它们往往都不是论点。

如果想要解决所有问题,就会变成"虽没有缺点但也没有优点"的毫无特色的公司,且不会创造利润。若你观察业绩表现傲人的公司,将发现这些公司都有优势突出的部分。一般而言,这些公司虽存在被称为"问题"的问题,但往往能通过优势来弥补缺点,进而使业绩蒸蒸日上。

比方说,日商利库路特公司就是最典型的例子。

就利库路特而言,该公司培养出的能独当一面、业绩表现优异的年轻员工一个个离职或自行创业。从人才流动率这个指标来看,利库路特是存在严重问题的公司。然而,这一点同时也是该公司的强项。

如果没有理解这一点,误把重心放在降低人才流动率上,反而会导致创业精神旺盛的员工士气大落。

论点并非单纯的、一看便知的问题点;论点不等于现象,也不等于观察到的事实。务必从一开始就把这个观念烙印在脑海中。

类似媒体报道过的喧腾一时的银行自动柜员机等计算机系统宕机的状况,其发生原因有许多种,包括硬件问题、软件问题、网络问题等。此时,如果是硬件有问题却检查软件,根本无济于事;如果是软件有问题却检查硬件,系统也不可能复原。

其实"对症下药"的难度最大,因为病征与病灶不一定直接相关。比方说,看着死机的计算机系统,不难想象,系统越复杂，连接的其他系统越多，就越难在短时间内找出真正的问题。只要做出正确的诊断，解决问题的速度就会加快。在复杂度日增的现今，企业面对的课题或许和计算机系统宕机的课题相似。也就是说，病灶（真正的原因）往往和病征（表象）没有直接关联。

那真的是论点吗

如果想要发现论点，就必须随时思考"那真的是论点吗？"即使听别人说"这就是问题"而认为"原来如此"，也不能就此停止思考。必须反复问"为什么"，思考"原来如此……可是，究竟是为什么"的问题。

比方说，假设有家公司业务团队的生产效率比其他同行低，试想，为什么这个业务部门的生产效率低？

"你找过应拜访的客户吗？"

"拜访频率恰当吗？"

"见面时，有执行必要的步骤吗？"

"执行必要的步骤之后，创造出应有的营收了吗？"

通过这样的思考过程，有时"原来没有好好地拜访必须拜访的客户"等问题，就会逐渐浮现。

然后，由此进一步挖掘探究。重要的是，要更深入地思考"为何没有充分拜访应访的客户"。

比方说，如下所述试着追根究底。

"居然不知道哪个是应访的客户，为什么？"

"为什么明明了解谁是应访的客户，却不觉得需要前往拜访？"

"觉得有必要前往拜访却总是延期，这是为什么？"

"想去拜访但对方避而不见，这又是为什么？"

"即使对方愿意见面，是否就是真正应该拜访的关键人物？"

接着，再就此更深入地探究。如果问题点是"虽然了解，却觉得没必要前往拜访"，就要深入追究为何没有必要。

通过深入思考，将发现如果不把业务人员的想法考虑在内，无论怎样逐步深入探究，都无法拟定切中核心的正确对策。

如果问题点是"虽然觉得有必要，却总是延期"，就要想一想为什么。如果问题点是"想去拜访但对方避而不见"，就要想一想究竟什么样的公司愿意见自己，愿意见自己的公司和不愿意见自己的公司，各有什么特点。

通过不断反复问"为什么"，我们将逐渐逼近课题的真正核心。

2.3 论点会变动

论点因人而异

BCG 的管理顾问每天都在不断讨论"论点是什么",这道出了论点思考的重要性和困难度。

论点思考之所以困难,一方面是因为可能存在的论点不计其数,必须从中找出最有可能的论点并深入探究;另一方面是因为论点会变动。为何说论点会变动?原因如下:

① 论点因人而异;
② 论点随着环境而变化;
③ 论点会不断进化。

首先,从"论点因人而异"这一点谈起。

即便是同一家公司,社长面对的经营课题与业务部门上司面对的经营课题必然不同。更别提经营者和承办人或课长层级的人面对的课题之差异,以"天壤之别"形容也不为过。并且,经营者和财务主管的课题也各不相同。当某事业部门欲振乏力时,心想应设法重建该部门的事业部长和认为撤掉该事业部门也无妨的经营者，二者的论点自然有所不同。

比如，当思考目前丰田汽车的论点时，相关论点会因从谁的立场来思考而不同。如果从股东的角度思考，自然会认为增长性就是论点。如果从执行官的立场思考，论点应是今后的经营方针。如果是业务负责人，论点或许是重振国外市场，特别是美国市场的业绩。另外，如果是研发负责人，或许会认为新一代汽车的开发及建立行业标准才是论点。可见，论点随着立场的不同而改变。

说明至此，各位读者或许会觉得这是理所当然的事情。然而，实际上，当你一心想要解决问题时，很容易忘记"现在我究竟在解答谁的问题（论点）"，大家应特别注意这一点。

这也是因为解决的论点不同，切入点和答案会有所不同，甚至满足的是"谁的需求"也会随之而异。如果弄错"谁是论点的拥有者"，将得出截然不同的答案。这就像面前有多位主考官，出题内容随主考官而异一样。解答之前，必须先分析解答的是哪位主考官的考题。

论点随着环境而变化

事实上，论点常会受各种外在因素或内在因素的影响，或因为高层上司的问题意识改变而改变，或因为问题优先级变更而发生变动。

"论点"这个名词，因为称为"点"，所以总给人一种静态感。然而,事实上论点多为动态。

比方说,一直以来,为了提升自家公司产品的认知度,会把广告或促销等市场营销策略列为最优先课题,并全力投入。但是,就在此时,竞争对手推出了划时代的新产品,导致我们必须重新检视相关策略——这类情况极为常见。正当索尼全力投入MD随身听的宣传及新产品开发时,苹果公司突然推出了iPod,这就是最典型的案例。换句话说,当苹果公司推出划时代的产品时,论点就已经改变,从以往的"如何推行市场营销策略以巩固MD随身听的地位"转变为"究竟应该采取何种策略以对抗iPod"。

这就好像考试时解题到一半,试题发生变更一般突然。这种事情虽然不可能发生在学校的考试中,但是在瞬息万变的商场上却十分常见。比如,前述丰田汽车的案例,其论点也是与时俱进的。

2008年上半年之前,丰田汽车的论点是"如何既能维持既有质量又能逐步扩充产能,以应对激增的需求和成本暴涨的问题"。但是,次级房贷引发金融海啸,造成全球经济不景气以后,受美国市场低迷的影响,确保利润或提升新兴市场的营收,成为最大的论点。一直以来,成本竞争力虽被认为是丰田汽车的强项,但不知不觉该公司已演变为高成本公司。印度塔塔汽车崭露头角,导致丰田汽车的地位备受威胁。若是如此,其论点有可能变成"重新回到原点,思考如何以低廉的成本生产汽车"。

另外,即便是同一个人,其论点也会随时事变迁。比方说,对企业的高层而言,整体环境如果改变,应解决的问题也会跟着改变。另外,因为事物的发展阶段在持续进化,应解决的问题即论点也会不断改变，这种情况很常见。

例如，对制药公司的高层而言，成功开发新药必然是大论点。在这个大论点之下，药效优于既有产品、无副作用、尽早取得上层机关许可等，将成为中论点。然而，一旦成功完成开发，从那一刻起，如何销售该药品，是自行布局国外市场还是委托当地制药大厂代理销售等，或者如何把利润最大化，就成为大论点。

如果自己是独资公司的经营者，则创业之初的最大论点应是"如何让自己开创的事业获得成功、宏图大展"。但是，随着时光流逝，"在我交接之后，怎么做才能让公司永续发展"就成为大论点。所谓接班人问题或建构企业管理体系等，即为大论点。

论点会不断进化

也有论点随工作的推进而变动的案例。随着工作的推进，会出现原先没考虑到的论点，我们会发现这些论点才是更本质的课题。

例如，为了走出业绩低迷的阴霾，上司命令你拓展新客户及开发新产品。换句话说，上司认为"没有拓展新客户""没有开发新产品"是业绩低迷的论点。

于是你先进行了拓展新客户所需的调查，了解"新客户在哪里、客户有什么不满、做什么样的妥协"等，以掌握潜在的需求。其次，你进一步调查了竞争对手采取的行动，分析自家公司经营资源的强项、弱点等。另外，你进行了相关的市场调查，建立起产品概念，为开发新产品做准备。

就在进行这类分析的过程中，你发现这两者都需要投入大量的时间和资源，成果却不显著或极其有限。看来，与其开拓新客户或开发新产品，不如深耕既有客户，加强既有商品的销售，如此便能在短期内看到成效，成功概率也比较高。

当你向上司报告相关状况后，上司也赞同并表示："你说得对！那就全力锁定既有客户，加强现有商品的销售吧！"

就在这个瞬间，拓展新客户或开发新产品顿时失去了意义。如何把现有商品卖给既有客户，即"锁定既有客户"，则成为论点。

像这样，论点常会在工作的过程中不断进化。

通过工作或讨论，可找到其他论点

下面介绍另外一个案例。

假设贵公司针对业绩低迷的原因，提出了"研发、生产、销售三者没有做好整合"的论点。

虽然研发部门认为产品卖不出去，是业务部门没有全力投入营销导致的，但是事实上，他们总是在尚未掌握客户需求的时候就直接进行产品开发。

生产部门则不信任业务部门的销售预测，自行拟定生产计划。

业务部门因为不知道生产部门会为自己提供多少畅销商品，所以下单时会预留一点数量。由于各部门自扫门前雪，凭自己的规则行事，常常导致不是库存过多，就是缺货。

调查了原因之后，你发现各部门的业绩考评系统，都是以力求最适合该部门的需求而建立的,这才是最根本的原因。

业务部门仅根据销量实绩进行考评,即使库存增加,也和考评无关,因此部门人员并不在乎库存量,只想提高销量实绩。而是否依照计划生产、质量有无问题等事项虽是生产部门的考评要素,但是产品卖不卖得出去却和考评无关。至于开发部门的考评基准,虽包括是否按照计划的成本、时机研发新产品,但是开发的新产品是否畅销,对考评没有太大影响。

如此一来,论点就不是"问题在于研发、生产、销售没有做好整合",而进化为"问题在于各部门的考评基准不一,导致公司没有整合为一"。

你以为这样已完成论点的设定,并试着在与管理层举行的会议中论及此事,却又觉得不对劲。为了更进一步厘清论点,你试着调查其他公司的案例,结果发现,虽然采取和自家公司一样的考评系统,但是研发、生产、销售三方依然能够整合为一体的公司为数不少。

那么,为何自家公司的开发、生产、销售没有获得良好的整合呢?试着从俯瞰的角度进行全盘思考后,你终于找到了问题的症结,即经营高层的领导能力。高层出身于销售部门,对销售很重视,却不重视研发、生产。这样的态度令部门之间缺乏横向合作和联系,导致业绩低迷。此时你终于发现了真正的论点。

像这样通过亲自调研、进行讨论等方式,将发现原本以为是论点的事项并非论点,或者即使是看起来正确的论点,也有进一步探讨的余地。

第三章

通过大胆推测、看清脉络好坏锁定论点

3.1　大胆推测

如何知道好的钓鱼场——建立假说

锁定论点之际，有两大要点：其一是"推测"；其二是"看清脉络的好坏"。

"推测"指的是类似下述的情况：

钓鱼时，钓客会预测好"这一带应该有鱼"再开始垂钓，这是根据经验和直觉做出的判断。如果钓不到鱼，就在那一带稍微转换场地，如果仍旧没有鱼上钩，干脆转移阵地到其他钓鱼场。

以图 3-1 为例，从钓鱼场 3 开始，以该区域为主，在其范围内小幅度移动，如果这样还是没帮助，干脆转移阵地到钓鱼场 2——这并不符合逻辑。

而所谓"推测"，与此有相似之处。

如果用逻辑处理这件事，比方说，把整个钓鱼场绘制成方格纸上的等比例平面图，接着进行地毯式垂钓，没有鱼儿上钩的方格就删除，然后继续在可能碰到大量鱼群的地方垂钓，直到鱼儿上钩再确定该处为钓鱼场，最后坐下来好好钓鱼。

但是，没有人会这么做吧。大家都是根据过去的经验，进行

图 3-1 推测钓鱼场

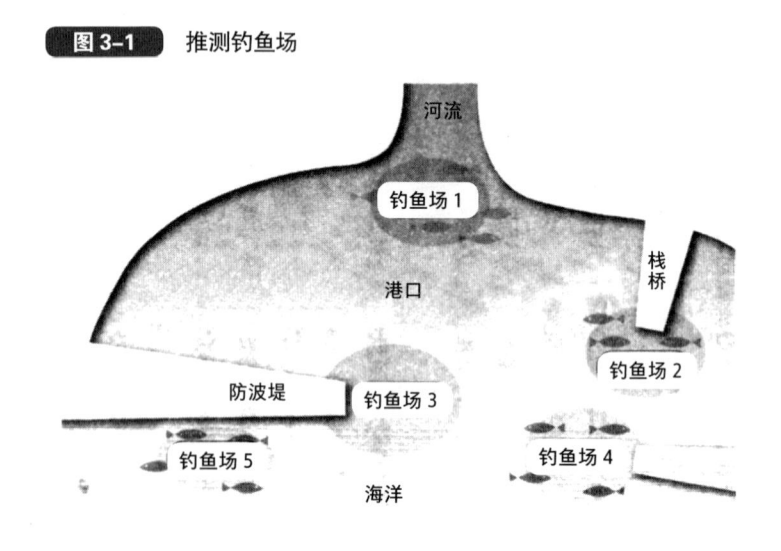

诸如"这一带好像有鱼可钓""清晨时,这一带多半没有鱼""先在这里钓鱼,万一没有鱼上钩,再转到那边钓鱼"之类的判断,一步步找到有鱼上钩的钓鱼场。

"运用切身经验或研究建立假说",这种切入方式是笔者在另一本著作《波士顿咨询工作法:精准预测答案》中提倡的"假说思考法"。也就是说,从许多可能的论点中,利用假说推测究竟何为论点。

从似乎能够明确区分黑白之处切入

商业上的论点设定,与找到有鱼上钩的钓鱼场极为类似。

比方说,H公司业绩惨淡,营收原地踏步、获利率下降。

这时，标准的方法是，由看似"比较容易分出黑白"的地方切入。例如，可以朝下列方向思考：

① 业绩低迷是一时的吗？还是已经持续了很长一段时间？
② 这是在特定的事业领域或部门发生的问题吗？还是 H 公司整体的问题？
③ 整个行业都呈现低迷吗？还是只有 H 公司有这个问题？

如果最后发现，业绩萎靡不振是整个行业共同的问题，而且是 H 公司所有部门普遍可见的现象，并已经持续很长一段时间，那么可以认定，这是超越单一企业掌控范围的"结构型不景气"。这么一来，应该解答的问题是：在行业整体陷入不景气的情况下，H 公司有办法走出这个困境吗？

相反，如果发现是单一部门一时的问题，与整个行业无关，则比较可能的论点是"该部门的策略是否规划不当""管理层的问题是什么（例如领导力）"等。

再举另一个例子。请大家试着思考这个案例：在市场占有率的竞争上，自家公司的商品为什么会落在竞争商品之后，居于下风？这时可以设定如下能够明确分出黑白的问题：

① 该商品有认知度吗？还是有认知度但在店铺滞销？
② 店家是否没有将商品陈列在货架上？还是商品陈列在货架上，但是没有人尝试购买？

③ 消费者是否没有重复购买该商品？还是有人重复购买，但重复购买者平均一年的购买量微乎其微？

像这样，对问题一步步进行分解与推敲。

探索委托人较不关心的领域

除了前述方法之外，我最常用的方法是，聚焦于经营者不太具有问题意识的领域。

比方说，当经营者说"业务部门有问题"时，我会把目光转向商品开发或生产部门。经营者关心的领域常是公司内部管理较完善的领域，相较之下，经营者忽视的领域里往往暗藏大问题或改善的空间。因此，每一位职场工作者都应该试着对委托人（社长、部门上司等）不怎么关心的领域抱持怀疑的态度。

另外，组织和组织之间的缝隙或衔接处也有许多线索。例如，当库存成为问题时，生产部门会指责业务部门把乏人问津的产品说成"一定会畅销"的产品，结果造成库存积压；业务部门则指责生产部门总是来不及生产畅销商品，只会制造大量滞销商品：形成业务部门和生产部门相互推诿的局面。这时，虽然必须设定论点，把双方孰是孰非查个水落石出，但最终会发现，是因为业务部门和生产部门之间欠缺良好的共享信息平台，造成了多余的库存，或造成原本应该畅销的商品错失销售良机。此时，"为什么双方无法共享库存信息"或"如何让双方顺利共享信息"才是应探讨的论点。

只要抱着尝试推测的意识，不断从各种案例中累积经验，自然能够学会推测。

刚开始的时候，失败在所难免，重点是可以从经验中学习。相反，如果一直运用滴水不漏的行事方法——因为想一网打尽、一一调查，所以称为"穷尽式思考"，那么即使累积再多经验，经过再长时间，也无法学会推测。因此，在推测可能的论点时，运用"假说思考"（建立假说、验证假说的反复循环）很重要。

连锁式切入法——询问五次"为什么"

接下来介绍另一个被称为"连锁式切入"的方法。这个方法和我在《波士顿咨询工作法：精准预测答案》中介绍的询问五次"为什么"是一样的。

"主力品牌不再畅销"之类的情况时有耳闻，如果这种情况发生在生产糖果饼干的食品厂商身上，则可试着朝下列方向切入：

① 主力品牌有哪些？
② 只有自家公司的主力品牌乏人问津吗？还是同行也出现了滞销的情况？
③ 所有主力品牌都不再畅销吗？还是只有部分主力品牌滞销？
④ 是否因种类而异？比方说，大人吃的糖果饼干（主力品牌）依然畅销，而儿童吃的糖果饼干出现滞销？

⑤ 如果卖不出去的量和儿童人口的减少有关，滞销自是理所当然。但是，如果滞销量远超过减少的儿童人口数，会不会是商品生命周期已面临结束？

像这样以连锁方式挖掘各种可能性，无法排除的部分或卡住的部分就会浮上水面。

举例来说，假设自家公司内部有持续热卖的商品和已经没落的商品，这时，首先要确认两者是否为同时期上市销售的商品。

如果同时期上市销售的两个商品，一个持续热卖，另一个销售量大幅衰减，那么原因是什么？

比如，竞争对手是否推出了强而有力的竞争商品？如果竞争态势依旧，那么是消费者改变了吗？

如果是消费者改变了，那么是样本数变少的缘故吗？还是消费者的需求或喜好改变了？以样本数变少为例，如果是以儿童为对象的商品则放着不管，因为儿童商品的市场整体萎缩了。就需求与喜好而言，最典型的例子是，与以往相比，人们已经不怎么爱喝可乐等汽水，取而代之的是茶或矿泉水。

通过这样的方式，可不断深入探究主力品牌乏人问津的理由，进而抵达真正的论点，这就是"连锁式切入法"。

是继续深掘，还是另起炉灶

假设某商品在竞争中处于劣势，厂商前来寻求咨询公司协

第三章 通过大胆推测、看清脉络好坏锁定论点

助，希望超越竞争对手，提高市场占有率。

只要顾客买过该商品，就很可能重复购买，但很少有顾客试购。经过调查发现，消费者不想试购的原因在于，虽然消费者认识该商品，可是业务人员没有勤于联络业务，以致店铺没有陈列该商品。若是如此，就必须考虑"进一步加强业务联络"。如果店铺陈列了该商品，只是因认知度低导致无人问津，就该思考"如何提高认知度"。

如果消费者尝试购买后没有再次购买，就应推测：这个商品是不是不够优秀？最好加强商品研发能力。

就此更深入地调查后，会出现两种情况：一种是对同一论点不断深掘；另一种是必须另起炉灶，也就是放弃眼前的论点，将目光转向其他可能的论点。

首先介绍顺利深掘的案例。假设已区分不同类别的消费者，调查过"为何试购率低"。针对年长主妇、年轻主妇、有小孩与没小孩的人等不同群体进行调查后发现，产品在年长主妇中的认知度高，但在年轻主妇中的认知度很低。究其原因，是因为广告是在播放以银发族为对象的节目的时段播出的。这时，只要对此提出对策，消费者的认知度就会提高，试购率就会提升，重复购买率也会增加。这种不断深掘论点的案例较少引起混乱。

比较难应对的是"另起炉灶"的情况。在没有一个论点能够作为特定论点时，就必须寻找其他论点。举例来说，调查了输给竞争对手的几个因素之后发现，不论哪个层面都呈现些许落后的情形，很难锁定某个特定原因进行改善。虽然说不上究竟是

什么不好,但就是觉得哪里不对。比方说,"若能有这个应该很好""若能有那个应该很好"之类的推测很多,但不可能每一件都做。

举例来说,产品的市场占有率落后于竞争对手,比较了双方的认知度、铺货率、试购率(首购率)、重复购买率等要素后,出现了以下数字(见表 3-1):

表 3-1 产品市场占有率情况

	认知度	铺货率	试购率(首购率)	重复购买率
竞争对手	90%	95%	80%	60%
自家公司	80%	100%	70%	60%

像这样在数字方面没有出现明显差异时,必须放弃深入挖掘的方式,也就是不再将认知度或铺货率的数字作为一个个论点深掘。简单来说,这表示之前这个深入探究的论点与真正的问题有所偏离,并未直击问题核心。

碰到这种情况,就要重新设定不同的论点。例如,会不会是地区不同造成的差异?会不会是竞争对手在持续做大的渠道上不断扩大占有率,而我们公司仍把重心放在传统的既有渠道上,使双方的市场占有率拉开差距?必须像这样试着从与试购率或重复购买率截然不同的角度来思考论点。

3.2 看清"脉络好坏"

坚持"问题一定要有办法解决"

设定论点之际,最棘手的一件事情是,在真正的问题(也就是论点)周围,会有一些中论点、小论点,甚至是若隐若现的冒牌论点。有时会碰到错误的、无法破解的问题。

当貌似是论点的问题出现在眼前时,我会从下列三个要点加以探讨:

① 能解决吗?还是不能解决?
② 若能解决,可以(容易)实行吗?
③ 若能解决,之后有多大效益?

首先必须厘清"问题能不能解决"。挑战无法解决的问题,是时间、人力和物力的浪费,不会彰显成效。只要知道无法破解,就应立刻舍弃该论点,重新设定论点。

挑战无法破解的问题毫无意义。

做研究的学者,大可挑战破解不了的问题。研究未知的领域、挑战难题，有助于推动人类的进步。例如，在数学领域里，有所谓的"千禧年大奖难题"（Millennium Prize Problems）。这是由美国克雷数学研究所公布的7道数学难题，每破解一题就可获得100万美元奖金。其中，只有"庞加莱猜想"已被破解，其他都是难上加难的问题。

在学术上，这些都是很重要的问题，但是在职场或商场上，和这类问题搏斗却是很糟糕的事情。因为工作者解决问题并非为了解开难题，而是为了取得成果。

因设定了破解不了的论点，造成经营者中途受挫、企业改革半途而废，这类情况极为常见。相对于此，前面提到的前纽约市长朱利安尼改善纽约的治安问题，是从能够立竿见影的小问题着手，最终解决大问题的案例。在职场或商场上，应该采取后者的模式，从小问题着手。挑战解决不了的难题，这没有任何意义。在咨询顾问这一行，我们非常在意"问题究竟能不能解决"。

舍弃解决概率低的论点

所谓职场与商场上"不能解决的问题"，具体指的是什么？

比方说，经营资源有限的小企业，打算和业界的龙头厂商开发相同商品一决高下，这就是"不能解决的问题"。比方说，船井电机公司以最低的成本生产已经迈入成熟期的产品，这一经营方法非常高明。但是，如果船井电机一心模仿索尼，开发功能相同的新产品，恐怕就会因过度投资于研究开发，早早宣告倒闭了。

此外，以下状况也属于类似的情形。如果有百分之一的好运气，"投入五年都看不见未来的研究开发，不知为何在今年研发成功且拿到了专利"之类的好事连续出现三次，且营收和市场占有率双双攀升。这种情况的麻烦之处在于，虽然"概率只有百分之一的好运气连续发生三次"的概率微乎其微，却又无法斩钉截铁地证明"绝对不会发生"。

再者，研发过程顺利并成功开发出产品，在预定时间内上市销售且获得消费者压倒性的支持，之后，竞争对手没有推出类似商品，因此独霸市场"，也属于这类情况。我们无法断言完全没有这种案例。有人会反驳："iPod播放器不就是这样吗？""Wii游戏机不就是最好的例子？"然而，从客观角度来看，这种情况几乎不可能发生。

在接到的委托中，管理顾问最感到为难的一种是"看来不可能实现，不过请证明给我们看"。

某家企业的经营者曾委托笔者帮忙评估，历经一波三折的技术是否真能顺利投产。经营者根据他多年的经验，怀疑该技术"难堪重任"；而项目经理主张"研发已进入最后阶段，距离成功只差一小步，只要再给我们一点点时间，一定会开发出远超竞争对手的划时代的新产品"。项目经理的主张其实是错误的，而经营者没有足够的智慧做出判断。如果现在叫停，之前为此项目投入的数百亿日元的研发费用会悉数化为泡影。经营者觉得这样有点可惜，以致无法毅然决然地放弃。

通过面谈，项目经理告诉我："如果目前研发的改良技术能够成功投产，我们公司将在市场上建立起压倒性的优势。虽说运用这项技术进行量产，还需要追加100亿日元进行设备投资，可是相较于已经投入的数百亿日元而言，这一点小钱应该微不足道吧？由于目前的生产合格率仅达预期的一半，因此生产成本较原先预计的成本多了一倍。但是只要实际投产，合格率将随经验的累积提升到当初设定的目标。"

听完项目经理的说明，我总觉得哪里怪怪的，可如果想要证明他的观点的确有问题，又有困难。

于是，我们决定实际计算这个项目成功的概率有多高。

按照项目经理的说法，如果开发时间在三个月以内，则技术改良获得成功的概率约为5%；如果是半年，成功概率则是30%；要花一年时间，成功概率才能达到50%。另外，姑且不论投资设备的金额，实际投产之后，能够提升合格率的概率顶多是预计的八成。

为了计算此项技术研发的成功概率，我们运用了"蒙特卡罗法"[①]。

首先，设定各个要素成功的概率以及分布的种类；接着，依据这些条件将数据输入计算机并进行几千次、几万次的模拟。结果发现，技术开发成功并且转亏为盈的概率，在1万次当中只有200至300次。由此可知，即使从现在开始再投资100亿日元，这个项目获利的概率也只有2%至3%。如果考虑可能出现数百亿

---

① 蒙特卡罗法又称统计模拟法、随机抽样法，模拟随机数取样以解决数学问题。——译者注

日元亏损等最糟的情况,这个项目平均可期的获利将是巨大的负数。当然,经营者也可能会产生"只要有2%至3%的成功机会,就值得奋力一搏"等冠冕堂皇的想法。不过,最后这位经营者做出的判断是:"这不值得下赌注。虽然遗憾,不过趁现在及早退出,能把损失降到最低。所以,现在就叫停吧!"

若是完成这个项目,造成的亏损将拖垮该公司,严重到攸关存亡的地步,经营者还因为"总算可以做个了结"而对笔者表示了感谢。

所谓"乍看之下无法破解的论点",就类似上述几种情况。因此,我们不能把有限的时间与心力,放在根本解决不了的问题或做不到的事情上。

其次,思考"若能解决该论点,可以(容易)实行吗?"即使已经清楚知道可以解决论点,仍然需要考虑:"以现有的经营资源(人力、物力、资金)可行吗?""需要花费多长时间才能解决?""真的有解决的意愿吗?""可以贯彻到最后一秒钟吗?"

以美国而言,若知道裁掉一半员工就可以强化企业体质、增加收益,很多企业会付诸实际行动。但是,以日本企业而言,经营者一般很难做出裁员一半的决策,这是不争的事实。

如果考虑实际的可行性,有时从大论点着手未必是最佳选择。解答问题时有两种方法:一种是"从最重要的问题着手";另一种是"从可以破解的问题切入"。从上述状况来看,后者更可能顺利进行。因为如果选择"从最重要的问题着手",可能会因为实际执行时太费时或中途碰到阻碍,以致无法解决论点中的难题。

最后，思考"若能解决，将获得多大的效益"。即使劳心劳力地付诸行动，也可能完全没有任何效果。如果是这样，根本没有意义可言。最常见的案例是，自以为正确解题了，但实行之后对整个公司没有任何帮助。显然只是自我感觉良好罢了。

比方说，最近日本针对合规管理的议题，不但成立了委员会，还制作了完整的指导手册，甚至进一步建构了监控系统，以严格督导企业遵守相关规定。如果实施这些措施就能杜绝违法事件与企业丑闻，那当然再好不过。但是相对于投入的成本，成效并不显著，这才是实情。

辨别脉络好坏

管理顾问常会说"脉络好""脉络差"。因为这是非常依靠直觉的用语，所以请大家先看一下使用"脉络好""脉络差"的情境。

当某公司希望我们帮忙解决某问题时，如果是非常困难的问题，或是成功概率如闭着眼睛穿针引线一般低时，我们就称之为"脉络差"[1]。如果某人胸有成竹，认为公司这么做就能改革，但是自己不论怎么看都觉得不对劲，认为那么做改善不了现状时，就会说他的答案或假说"脉络差"[2]。

相反，如果可以预见"只要解决这个，业绩就能改善，市场

---

[1] 意指非常棘手。——译者注
[2] 意指不合逻辑。——译者注

占有率就能提高,社长的烦恼就会消除"的答案或假说,我们就称之为"脉络好"①。如果一位管理顾问不管提出多少次假说,都不是正确的假说,而且偏离主题,只是在外围绕着正确的假说打转,有时我们也会说他"脉络差"②。

以上是做出结论之前的一个阶段的"评论"。虽然有时并非"脉络差"的人有错,但是大多数时候,是因为针对"脉络差"的现象耗时费心地分析甚至付诸行动,才导致成果极为有限。因此,无法判断"脉络好坏"的管理顾问终究难成大器,这是不争的事实。

"脉络好坏"的说法也被应用在围棋上,比方说"局部的""短期的""武断的""短视的""临时的",这些用语都代表了围棋里"脉络差"的思考模式。"脉络差"的人,不管是在时间还是距离上,凡事只看"眼前"。相对地,"脉络好"③的人的思考方式则是"长远的""全盘的""宏观的"。

选项多寡也是重要因素

接下来,从商业实务的场景进行说明。某家消费品厂商 I 公司对于营收减少充满担忧,一心设法解决。初步调查之后发现,I 公司的产品不但不比竞争对手逊色,甚至还有超出对手之处。另

---

① 意指切中要点。——译者注
② 意指没有掌握重点,不得要领。——译者注
③ 意指资质佳、有慧根。——译者注

外，其制造方法也独树一帜，预计只要再把产量提高两至三成，即可大幅降低生产成本。

由于竞争对手花费了许多心思在产品宣传上，这项产品在消费者中拥有极高的认知度。结果，在铺货方面，无论是销售商品的店铺数量还是陈列商品的货架空间，竞争对手都远多于I公司。推测就是这个原因，导致I公司和竞争对手在市场占有率上拉开了距离。

就这个状况而言，I公司只要在营销组合上多费心，调整一下价格策略或宣传策略、批发和零售店对策，不仅可以带动营收增加，还有望提升获利。类似这种措施，我们会认为其"脉络好"[①]。显然，I公司尚未对自己拥有的经营资源善加利用，且留有许多可操作的变量。简单地说，因为选项丰富，在调整个别选项后，改善幅度将会很大。

反观"脉络差"的例子则如下所述。

J公司也是消费品厂商，同样为营收下降感到苦恼。但是，J公司是业界第一大厂，拥有50%以上的市场占有率，主力商品是银发族使用的产品。

整个行业都出现负增长，特别是J公司拥有的银发族客户群，平均每人的使用量逐年减少。相对于此，第二大厂的市场占有率虽略逊J公司一筹，但在年轻客户市场中占据了领先地位。J公司虽然也有品项齐全的年轻客户群商品，但是其主打银发族客户群

---

① 意指合理、切中要点。——译者注

的印象深入人心，对比竞争对手新颖时尚的设计和命名，J公司的产品无法俘获年轻消费者的心。J公司对其产品给予消费者的印象进行调查后，得到"爸爸妈妈用的产品"的结果。

在产品方面，该公司一向认为银发族不喜欢商品大幅改动，因此倾向于小幅改良。结果造成该公司投入研究开发的费用太少，产品开发能力远远落后于竞争对手。但是正因为研发费用较低，使该公司能以低投资获得高回报。

无论是从重新检视目标市场的角度，还是从既有商品的宣传策略等营销组合的角度来看，能够提出的对策都极为有限。即使从产品开发部门拥有的经营资源来看，可用的招数也屈指可数，所以称为"脉络差"[1]。除了选项受限之外，即使提出相关对策，超越竞争对手或赢得消费者青睐的可能性也不高。换句话说，改善幅度很小。辨别脉络好坏的一个基准是：选项的数量是多是少？或者，选择该选项的成功概率或报酬是高是低？

只要实行就有成效的论点，就是"脉络好"的论点

一个脉络好的论点，必要条件是有极高概率可以给出答案。另外，只要实行该解决方案，企业就可收到成效。这一点可以算作是充分条件。

换句话说，可以简单破解、容易实行，只要付诸实践就能

---

[1] 意指问题棘手。——译者注

在短时间内显现极大成效的论点，就是"脉络好"的论点。相反，除了难以破解之外，即使破解了也难以实行，即使实行了也难见成效，或纵使有成效也不明显的论点，就是"脉络差"的论点。

工作有截止期限，工时也有限，必须在种种限制下筛选问题、选择问题、解决问题，最后还要做出成果。为了交出成果，选择什么问题非常重要。如前纽约市长朱利安尼的案例，破解问题之后能显现成效的问题，才是好问题。

面对"脉络差"的论点，必须另起炉灶，重新设定论点。再怎么出类拔萃的论点，如果无法提出解决方案，对企业而言就毫无意义。若是解决后成效极为有限，也完全没有意义。比方说，纵使解决该问题，得到的营收或利润也微乎其微；从组织层面或业务层面来看，对公司的影响微不足道。其他属于"脉络差"的论点还包括：即使实施此方案，公司也不见得会改善；竞争对手早已实施此类方案，假使自家公司现在开始实施，根本不会立竿见影等。

"辨别脉络好坏"是锁定论点之际的另一个要点。

辨别脉络好坏的基准是：设想"该问题解决时，公司事业真的会改善吗？会对公司带来多大影响？"。试着从这种角度思考，你往往会发现，那些闹得沸沸扬扬的论点，解决后却对公司毫无影响，根本不是什么大不了的论点。

例如，像铃木汽车这种早已极为精简的企业，纵使进一步削减采购成本或制造成本，若最后展现的成果与付出的努力不成正比，也不可能增加太多利润。这时，如果朝该方向继续挖掘探究，就成为"脉络差"的论点。

相反，如改革之前的日产汽车一般，在采购零件或材料的方法上不具效率的企业，可通过改善该部分提高获利的空间。换句话说，只要从该部分切入，就有极高概率扭转颓势进而获利，这就是有解决价值的问题，即"脉络好"的论点。

也有经营者认为问题在于员工士气低落，但其实是整个行业的不景气影响了公司业绩、员工士气。因为是行业结构有问题，所以纵使提振员工士气，也未必能够带动公司获利或成长。若是这样，那么提振员工士气就不是重要的论点。

如前所示，脉络是好是坏，很多时候无法从逻辑角度思考，不过可从经验中学习。

面临实际破解问题后却得不到答案的情况时，要记住"是在哪个环节发现得不到答案"。这么一来，当下次陷入类似状况时，就会想到"糟糕！也许另有真正的论点"。

当别人告诉自己"即使执行那个方案，效果也很有限"，而自己无法接受时，可以试着亲自做做看。一旦亲自验证后发现确实没什么影响，就会因此而牢牢记住，吸取"下次要更仔细地听他的意见"之类的教训。

想要一网打尽，最后却一事无成

换句话说，如果能够通过累积经验快速舍弃无用的论点，就可以相当轻松地找到正确论点。

面对论点时，必须抱有"破解什么才能解决问题、减少问题"的想法。因此，论点的锁定极为重要。如果陷入错误的问题、破解不了的问题、优先级在后的问题不可自拔，将无法做出成果。应避免把这类问题设为论点。管理顾问不会设定根本无解的论点。

在BCG的资深顾问中，有人使用这样的方法：从时间轴和成果等加以考虑，把能够在短时间内展现最大成效的问题作为论点。

接受委托，进行各种调查后，却发现没有答案，若是这样，将无法向客户交代。如果说这个道理不限于咨询行业，而是广泛适用于各行各业，也许有人会觉得我在回避问题。然而，企业纵使铆足劲儿解决无解的问题，也只是浪费经营资源。经营资源还是应该用在解决得了的事情上。虽说这个道理在咨询行业尤其明显，不过它对所有的职场工作者都适用。

以日本的大学入学考试为例，每所学校都有各自的题型，应从哪一道试题答起、应舍弃哪一道试题，就是关键问题。举例来说，在日本最高学府东京大学的文科数学考试中，一般有四道考题。其中一题的程度设定在只要认真研读了高中教科书，就解答得出来；另一题虽然难了些，还是能解答一半，所以仍可以拿到部分分数；其他两题则属于高难度，一般很难破解。重点在于如何运用有限的考试时间。如果把时间花在解答高难度的两道题上，导致来不及解答简单的试题，就迷失了论点的方向。为何这么说呢？因为大学入学考试的论点是"怎么考上东京大学"，而非"怎么解答难题"。

即便在准备大学入学考试的整个过程里，也应根据自己的强项、弱项，判断在考前的有限时间里，应分配多少时间复习数学、多少时间读国文、多少时间准备英文，考虑是否放弃准备数学的一半时间，全力冲刺英文以一决胜负等。工作也是同样的道理。

应割舍哪个论点？应选择哪个论点？最糟的做法莫过于将所有论点都解决到某个程度，却依然没有取得成果。最不可取的做法是，把事情做到七八成，然后丢给上司："我已经做到这个程度了，剩下的你看着办。"

BCG 的前辈岛田隆顾问曾跟我说过一句话："策略即舍弃。"他说，这句话原本是某位美国的大人物说的。岛田隆刚进 BCG 时听到了这句话，觉得一语道破了策略的真谛，因此对其留下了深刻印象。对商业领域而言，重要的是决定"不做的事"，这其实非常困难。

请大家试想一下急救医疗的现场。当发生大规模事故或灾害时，急救医疗的资源（医生、药品、医疗器械）必定不充足，于是会产生如何分配有限资源的问题。为了拯救更多人的性命，必须决定治疗的优先级，一般称其为"检伤分类"。

2005 年 4 月 25 日，日本发生 JR 福知山线电车出轨事件，现场进行了检伤分类：红标签表示已经休克，必须立刻急救的伤员；黄标签表示尚未休克，但需尽快提供医疗协助的伤员；黑标签表示回天乏术，无法挽救性命的重伤者。据说，对每名伤员做判断的时间只有短短 30 秒。也就是说，必须在瞬间做出平常难以想象的严肃决定，对被贴上黑标签的伤员不再施予任何急救。

职场或商场上的日常实务工作，当然无法与急救医疗的现场相提并论。但是，在"资源有限"这点上，二者是共通的。如果这也想做、那也想做，最后将一事无成。因此，锁定论点是论点思考中不可或缺的步骤。

经验有助于提高命中率

若要培养大胆推测、辨别脉络好坏的能力，必须累积足够多的论点思考的经验。这时，最重要的是不能漫无边际地参与，必须实际尝试"大胆推测""看清脉络好坏"等方法，累积相关的实际经验。

猜测后可使用工作框架（framework），用于合理说明、建立关联、进行整理。优秀的职场工作者必须这样运用头脑。不是通过分析法导出论点，而是在论点已经浮现到一定程度，能够进行结构化时，再使用分析法。人们常认为只要套用分析法就可以将论点结构化，这其实大错特错。

正确论点的命中率与后述"抽屉"[①]的多寡有关。当经验累积到某个程度时，抽屉自然会增加。而当抽屉增加时，推测就会更准确。

[①] 比喻脑中的数据库。——译者注

第四章

确认全貌、掌握论点

4.1 进行探查

抛出问题，观察对方的反应

管理顾问设定论点时，有下列几种模式。

第一种情况是：工作的委托人——客户或经营者已经有很明确的论点，管理顾问在听取对方提出的论点，思考"真正的论点是什么"并探讨脉络的好坏之后，认为委托人提出的是正确的论点。

例如，客户或经营者提出"希望管理顾问协助解决业务效率差的问题"，管理顾问也赞同这个论点，那么应把"究竟怎么做才能改善业务效率"设为论点，然后逐步因数分解为"是业务人员的素质有问题，还是拜访量或是业务流程有问题？"等。

第二种情况是：经营者与管理顾问提出的论点有出入。

例如，经营者认为"公司业绩不佳的原因在于业务效率差"，相对于此，管理顾问认为"业绩不好是因为产品本身的问题，即使业务人员再优秀，业绩也没办法更上一层楼"。碰到这种情况时，如果不先就意见相左的部分深入沟通，将难以推进后续工作。

尚未厘清问题本质便前来咨询的案例不在少数。此时就要通过访谈探究问题。

不了解公司问题本质的经营者，前来委托管理顾问协助"改善公司经营状态"，这就像餐厅侍者遇到客人提出"给我来点好吃的吧"之类的点餐要求一样。

这时候，如果试图以逻辑解决问题，会怎样呢？大概是分析"好吃的食物"的定义，或是根据过去一个月的菜单分析出客人喜爱的食物，再送出食用次数最多的肉类料理给客人。

然而，对这种通过逻辑分析得出的答案，恐怕没人会说"这正是我想吃的"吧？

换成是我，我会用如下方式决定。

我先问："请问吃寿司吗？"

如果对方回答："不吃寿司。"

我会再问："请问要吃天妇罗吗？"

对方答："不吃天妇罗。"

我会再接再厉地提问："那是面吗？"

直到对方回答："对，就是面。"

这时，我再端出面给他。

接到像是"给我来点好吃的吧"这种类型的委托时，就需要自己主动抛出问题给对方，协助对方确切掌握自家公司的状况或自己的想法，以进行论点设定。

在咨询行业里，有"探查"（probing）一词。其原意为用探针进行探测，是一种主动给对方某些刺激，引导出对方的反应，以探求本质的方法。此处介绍的就是"探查"的方法。

建立"论点假说"的三种切入法

在设定论点的过程中，根据对方的想法、被视为问题的事物之相关状况等，建立"也许这就是论点"的假说时，主要有如下三种方法（每一种方法都会灵活使用探查的手法）：

① 提问，聆听对方说明；
② 抛出假设，观察对方的反应；
③ 实地走访现场。

设定论点时，一开始最常做的是仔细聆听对方讲话。

其方法大致可分为两种：首先是提出问题，打探信息；其次是抛出自己的假说论点给对方，观察其反应。这两者都属于"输入"。

至于两者之中应该侧重何者，则因管理顾问而异。我个人擅长直接提出自己的假说，再逐渐锁定论点。人们对他人的言行，都会表现出某些反应。也许是喜怒哀乐，也许是无意识地点头、赞同或反驳，通过观察这类反应，将知道假说正确与否。

相对地，仔细聆听对方讲话，再从中抽丝剥茧、逐步设定论点的管理顾问不在少数。在论点思考中，"提问"扮演着非常重要的角色。

最重要的是思考"真正的论点是什么"，而不是一味盲目地接受他人抛出的问题点（暂定论点）。

对于上司指派的论点，恐怕大多数的职场工作者会毫不犹豫地着手解决。很少有下属敢问上司："请问为什么要做这个？""请问目的是什么？"就日本企业或组织而言，要做某件事时，本来就不习惯凡事说清楚、讲明白，交代下去的事情也从来不需要说明"为什么这么做"。如果下属向上司提出疑问，上司往往不当回事，顶多说句："你少啰唆，赶快动手做就对了！"提问的下属甚至可能会被认为没大没小。

然而，在接到课题的阶段，不论是提出问题还是假说，都是非常重要的事情。事实上，有时候上司会在论点模糊不清的情况下把工作分配给下属。因此，通过提问或直接丢出假说的方式，厘清上司的论点，让论点更明确是很重要的。

在这个过程中，实际可能发生的状况有以下三种：

① 论点明确且可信，认为问题设定正确；
② 论点明确，但无法令人信服，认为问题设定不正确；
③ 论点模糊不清。

①和②都属于主观判断，所以有可能发生"以为论点正确，其实是错误的论点"或"以为论点错误，其实是正确的论点"的情况。另外，也有认为上司提出的论点"并非问题的本质"，但确实是论点的情况。

因此，应通过验证、讨论等方式，确切厘清论点，使之明确地呈现出来。这或许很花费时间，但是有助于交出好的成果。

以③而言，就算把模糊的论点照单全收并付诸行动，也不会有任何成效。应提出疑问、抛出假说，逐步厘清上司想要破解的问题。

反复提问，才能找对问题

访问经营者时，应该一边运用假说思考，一边推敲适合挖掘论点的方向。在谈及商品销售业绩低迷时，经营者有时会提到"东京还好，其他城市就……"之类的状况。这时应该敏锐察觉"说不定那里潜藏着论点"。当听其言及"明明大量发放试用品，却对提升销售量没有帮助"时，就应该敏锐察觉问题，"发放了试用品，销售量却没提升，会不会是商品本身的竞争力有问题？""问题出在重复购买率上吗？"如此这般进行推测。理论上应该针对上述问题去做调查分析，但是这么做特别耗时费力，所以必须选定从哪里下"第一刀"。

以下将介绍具体的方法。以前美国有个名为《二十问》的广播节目，NHK（日本广播协会）效仿这个节目，制作了名为《二十扇门》的广播与电视节目。这个节目的规则是，为了猜想回答者心里所想的答案，发问者提出只能回答"是"或"不是"的问题，再以相关回答为线索，猜出回答者心里想的答案。

近年来，手机游戏和网站也有相同的企划。先在脑海里想一个东西，然后由游戏机或计算机发问，最后猜出你心里所想的东西。

像这样通过反复提问以逼近问题核心，也是找到论点的方式之一。

例如，针对因获利减少而苦恼的经营者，提出下列问题以逐步锁定论点。

Q1："营收有增长吗？"
A1："没有增长，反倒减少了。"
Q2："总需求有减少吗？"
A2："没减少。"
Q3："那是不如竞争对手吗？"
A3："对。"
Q4："为什么会输给竞争对手呢？是商品竞争力的问题？价格问题？渠道问题？宣传问题？业务能力的问题？"
A4："调查结果显示，商品竞争力其实不比竞争对手逊色，业务人员也很努力，是因为宣传能力太弱。"
Q5："为什么会这么认为呢？"
A5："因为打出的广告一点冲击力也没有。"

但根据经验和直觉，总觉得问题不是出在广告上，于是转而提出其他问题。这就出现了上一章介绍的"放弃深掘眼前的论点，另起炉灶想出新的论点"。

Q6："价格比竞争对手高吗？"
A6："不相上下。"

Q7："销售渠道怎么样？"

A7："我们偏重传统渠道，竞争对手则在便利商店和低价折扣店着力。"

一问一答到这个阶段，就会浮现如下假设：公司来不及应对渠道趋势转变，是业绩低迷的主因。也就是说，这才是真正的论点。

当然，不能完全排除"商品竞争力有问题"的可能，不过从初期论点来看，渠道有可能是真正的问题所在。

当我们主动抛出关于论点的假说时，应先敲定论点，再抛给对方，观察其反应。然后，一边观察其反应，一边更深入地提问，据此进行修正，抵达真正的论点。

另外，也可以采取另一个方法。先把与委托人或经营者访谈的内容带回去，按自己的方式进行整理后，再把自己归纳的论点说给对方听。如果比较擅长一边进行对谈一边设定论点，则可采取前一做法；如果比较擅长慢工出细活，仔细深入思考，则可选择后一做法。当要厘清上司分配的工作的论点时，可运用这两种做法。

出其不意地提问，有助于找对问题

有时从被问的一方来看，必然有让他觉得"天外飞来一笔"的发问。在你去看医生时应该遇到过这一类发问。医生问诊时，常提出莫名其妙的问题。

例如，当你说"因为发烧，所以想请医生开些退烧药"时，医生却问你"昨晚吃了什么？"这时你心里大概会想："这和发烧根本是不相干的两回事吧？"

这是因为医生怀疑你不是单纯感冒，而是吃了什么不新鲜的食物，他思考的是外行人想象不到的事情。

比方说，某位资深编辑曾说，当他接到图书策划案时，他会先问"什么开本（书的尺寸）？""是竖排还是横排？""理想定价大约是多少？"因为不是针对策划者想费心说明的内容提问，而是问图书的规格，因此对方经常不知所措，一脸怀疑。但是，据说编辑只要问清楚这些问题，就能对整本书有明确的认识，会知道是专业书、教科书还是普通图书，进而可以判断是否要采用该策划方案，或是指出应该改善的地方。

虽然对于被问的一方而言，这样的提问出乎意料，但是对于提问者而言，却是为了找到论点不可或缺的提问。

到现场实地探查

到现场（指第一线、实地）的作用有二：一是验证自己的想法；二是发现论点。

管理顾问为了设定论点而进行实地访谈的对象主要有委托人的员工和顾客、渠道商、竞争对手、专家等。

最常见的情况有下列三种：

① 到分公司、营业处、生产一线，对业务或物流的负责人员进行访谈。
② 对交易对象进行访谈，因为渠道商最了解不同厂商之间的差异。
③ 自认无法从委托人的立场思考时，就对委托人的顾客进行访谈。

如果对委托人的公司、行业有一定程度的了解，就可以经常对公司的员工进行访谈。这时，因为总公司的员工掌握的问题大多与经营者相去不远，因此最好对分公司或营业处的关键人物进行访谈。如果是自己熟悉的行业，有时不必做公司内部的访谈，只要和经营者谈过，就可以设定论点。

如果是初次接触的行业，首先应从委托人的交易对象或顾客之中择其一进行访谈。如果自己不是很了解该行业，就在不清楚渠道结构等的情况下，贸然提出"顾客的需求是这样""这和目标顾客不符"的看法，多半没有说服力，也无法赢得委托人的信赖。

就一般消费品而言，如果自己是顾客，明白顾客的想法，很多时候只要对渠道商进行访谈就足够了。但是，如果自己不是该商品的顾客，为了解顾客的想法，必须对顾客进行访谈。

比方说，当接到卡车制造商的委托时，必须直接找相关顾客进行访谈。以大部分消费品为例，因为自己也是消费者之一，所以可以从消费者的立场进行检视和验证。但是以卡车而言，我们无从得知货运的社长及卡车司机的需求和不满，若能前往访谈，通常会有重大发现。

另外，类似卡车这种高价商品，顾客显然会从多角度考虑，进而做出购买决策。购买 100 日元的巧克力和购买 1000 万日元以上的全新大卡车，二者的决策方式明显不同。因此，应该听取购买者的意见。

有时候，从想解决相关问题的人的角度观察，若筛选得出的可能论点含有新的发现，则论点将会进化。从这个意义而言，把直接访谈顾客所得的发现传达给委托人也极为重要。

除了访谈，也要亲赴现场实际感受

在一线（工作现场）应该做什么？

大多数人都是听取一线人员的说明，为寻找论点汲取灵感，这的确是一个重要的方法。不过，以我为例，我到一线时，表面上是进行访谈，实际上则在观察现象，比如"一线人员在做什么？员工是否朝气蓬勃？与竞争对手相较之下如何？商品是否热卖到供不应求的程度？"等。换句话说，一边访谈，一边掌握第一手信息。生活中虽然信息泛滥成灾，但其实大多数都是二手信息，因此更要坚持取得第一手信息，以之为依据，向对方抛出"看来似乎是这么回事儿"的假说。要当场进行验证，逐步挑出论点。

亲临工作最前线的好处是，可以亲身体验现场的气氛与感觉。设定论点时，要以最少的时间做出最正确的决策。为了避免项目成员陷入无止境的"证明地狱"（即针对所有可能的论点进行具体调查)、"亲自体验一线的感觉"将发挥关键作用。如果没有亲自体验在一线的感觉，仅凭听来的说明或项目成员搜集到的数据及信息区分论点的好坏，往往会做出错误的判断。

4.2 摸清委托人的本意

思考发言的动机、意图、背景

进行前述探查时,有一个必须同步进行的工作,即把头脑分成两部分,进行以下两个作业:

① 思考对方发言的动机、意图、背景;
② 参照自己的"抽屉"。

首先,在设定论点时,最应考虑的是委托你解决问题的委托人的心思。因此,思考发言的动机、意图、背景极为重要。

比方说,若是管理顾问,就应正确掌握委托人想解决的问题;若是一般的职场工作者,就应正确理解上司想怎样处理这个问题、因为什么而苦恼、为什么指派自己做这件事等。

事实上,这并非什么特别的事。在日常生活中,我们就在做这样的事。

举例来说,当我们接到不太熟的人寄来的搬家通知,上面写着"如果您来到附近,务必来我家坐坐"时,很少会信以为真,或心血来潮前去拜访。

我们会认为这是社交辞令,即使想前去拜访,也一定会事先和对方联络。至少也会事先考虑如果突然造访,对方会有何反应。

这既是日常生活所需的智慧,也是常识。

然而,在商业实务上,确实有因为把对方讲的话照单全收、付诸行动,结果造成失败,或者因为有话直说而招人反感的情形。

例如,管理顾问进行咨询时,委托人所在公司的社长会说"请务必调查详尽,如果我有做得不好的地方,请不要客气,尽量提出来"。如果对此信以为真,毫不客气地一股脑儿提出自己的建议,恐怕会当场惹恼社长。的确有新手管理顾问老实地列出了一长串经营者的缺失,当场触怒了对方,这正是因为没有清楚掌握社长的论点。

当我还是个初出茅庐的菜鸟顾问时,曾有以下经历。

某公司委托我们拟定发展策略。当时我们对自己的提案信心满满,进行最后一次简报时,对方社长对我们说:"原来如此,报告得非常详细,我充分了解了。"并在简报结束后设宴款待了我们。

然而社长在席上说:"今天非常谢谢你们,为我们公司提出了这么好的方案。不过,在我有生之年不会采取这个策略。"

这个反应让我们大跌眼镜。我们提案的内容是:"仅凭单打独斗,今后不可能有发展。唯有通过合作或并购,才能让贵公司发展起来。"仅就所有的分析数据而言,这个提案没有错误。

然而,我们明显误解了社长的论点。我们以为,以这位社长的行事作风，会依照逻辑接受提案并付诸行动，没想到他毫无这种打算。虽然立论正确、计算无误、分析精准，但是问题的症结在于，这并非他想破解的问题。

有时，客户会隐藏真正的需求，我们必须听懂弦外之音。

例如，当独资公司的经营者说"希望建构一个未来二十年到三十年都可以持续经营、屹立不倒的组织"时，其背后的意思可能是"我想让我儿子继承事业，你们可以帮我完成接班工作吗？"因为不想明说"不是要提拔优秀的人才接任社长，而是要让我儿子接手"，所以才拐弯抹角地表达。即使提出的解决方案可巩固经营基础，如果解读错误，暴露出社长儿子能力不足，并将其排除在接班名单之外，那么根本不会赢得社长的认同。

凭直觉听懂对方的"弦外之音"

假设有两位部长，他们都有相同的目的，希望让部门更好。其中一位部长并不在乎自己能否功成名就，纯粹是出于让公司更好的目的，期望部门比现在更好。这时候的论点就是"组织的活化"，与部长的目的一致。

另一位部长的动机则是希望自己步步高升，有朝一日成为公司董事，因此想让部门提升业绩、变得更好。这时候的论点就是"提高自己部门的业绩"。说得直白一些，这位部长想要平步青云、飞黄腾达，这就是论点。身为这种上司的下属，实在很难心甘情愿地为他们效劳。但是，当上司把问题交给你时，我还是期盼你们认识到"上司的论点究竟是什么"是一件很重要的事情。

虽然上述两位部长下达了相同的指示，但隐藏在背后的动机与意义截然不同。在设定论点时，要深入思考到这个地步。论点之所以因人而异，不单是因为工作目标不同，也因为下达任务者身处的状况、环境，或是其动机、想法与感受不同。

另外，如果经营者一心要让公司起死回生，即使牺牲自己也在所不惜，那么他做决定的方式必然不同。相对地，有些经营者的做法可能只是逢场作戏、虚晃一招。因为经营者的心情或下决心的程度不同，研拟相关提案的力度也会随之而异。有些经营者觉得"不想因削减成本等手段招致员工的抱怨"，但是也有经营者只要自己能成功，什么事情都做得出来。还有一些情况是，越成功，失去的就越多，因此处境更为险恶。那些为了反败为胜的人，则是孤注一掷，什么事都做得到。

工作应该和日常生活一样，必须时时刻刻思考对方发言的动机、目的与背景究竟是什么。有一点是可以肯定的，那就是要珍惜自己的直觉。很多职场工作者都有先入为主的观念，认为工作上的事情一定要经过缜密的分析和逻辑思考。其实有时候可以先重视自己的直觉，再就此进行逻辑分析，思考怎么做才能验证自己的直觉。

易地而处，站在对方的立场思考

为了撰写本书，我对十位 BCG 的资深顾问进行了访谈，调查他们如何设定论点。我发现，大部分资深顾问为了导出论点，很重视与委托人之间的当面访谈。在谈话的同时，他们会思考对方的心思、发言的动机与目的。某位资深顾问表示："虽然论点不计其数，但最终论点的确定还是在于对方。应该思考客户想要什么、不想要什么，逐步设定论点。"

换句话说，当面访谈最基本的心理准备，是以对方的思考模式进行思考。

BCG 有这么一句话："把自己的脚放进对方的鞋子里（put yourself in his shoes）"，意思是易地而处，站在对方的立场思考。

所谓论点，指的是对方的论点，而不是我们自己的论点。重要的是，怎么做对方才能满意。某位 BCG 的资深顾问这么说："以第一人称思考，也就是说，把自己当成这个公司的社长，然后思考究竟怎么做。"舍弃旁观者（第三者）的视角，站在对方的立场思考，由此将找到令对方既满意又能接受的论点。

对职场工作者而言，重要的事情莫过于高层上司或直属上司心里究竟想要破解什么样的问题。基本上，不论是管理高层还是基层员工，只要是上班族，总会在意自己的前途、名声或业绩。因此，不妨试想如果自己身处上司的立场，会思考哪些事情、做什么事情，而不是当个耍嘴皮子的评论家，说些"我们公司一无是处""搞不懂上司的想法"之类的话。

当问题近在眼前时，人们总会先思考"这个问题对我来说重不重要？""自己究竟想不想做？"再进一步思考自己是否有办法解决。

然而，实在不应该这样做，必须易地而处，站在对方的立场思考。

让对方既兴奋又期待的提案

以我为例，当我是管理顾问时，向客户建议问题解决方案（撰写提案书）时最重视的事情，是如何设定论点和切入方式才能让对方感到兴奋、期待。

也许在解决问题上，使用"兴奋、期待"之类的字眼会被斥责太轻浮、不够慎重，但是我希望大家能了解，这个意思是提案对委托人具有吸引力。

举例而言，如果客户觉得"这种程度的提案我们公司内部就会做，何必找你们来解决？""其他咨询公司的提案也大同小异"，这表示该提案无法被客户采纳。因此，重要的是，提案必须超越这种"谁都能做"的平庸，要让客户认为"感觉很有趣，就用这个提案试试看""这么起劲儿地帮我们，也许能找出解决方案"。

另外，问题越严重，我们必须越冷静。打个比方，重症患者恐怕不想把自己的生命托付给一位比自己更沮丧的医师吧？

之所以有必要"兴奋、期待"，是因为问题解决方案的执行者是"人"，不是机械。如果没有给人一种"想做做看""想试一试""也许会有点辛苦,但是很想加油看看"的感觉,将很难使人涌现干劲。能让人充满斗志与士气的解决方案,才容易付诸实践、取得成功、获得共鸣——这是我的经验与主张。

不过,再怎么让人兴奋、期待,如果大论点设定错误,也会得不偿失。"兴奋、期待"的基础,在于设定正确的论点,对该论点提出新颖的看法。唯有具备这个基础,客户才会动心,惊呼:"原来如此!从这个角度看问题,好像可以破解!""没想到还有这种方法!"

4.3 参照"抽屉",善用脑中的隐形数据库

"抽屉",改变聆听的角度

进行探查时,把头脑分成两部分,同步进行的另一个作业是,参照自己的"抽屉"。所谓"抽屉",指的是脑袋里面的虚拟数据库,是为了让对方对自己留下印象、说服对方而存放的"谈资",即会话中使用的话题。笔者的脑袋里面有 20 格抽屉。这 20 格抽屉中又各自放着 20 种题材。为了方便想起,每种题材上面都贴着独特的标签。

例如,20 格抽屉的标题中包含领导力(leadership)、典范转移(paradigm shift)、商业模式(business model)等。说白了,这些全都是自己关心的议题。然后,每个议题的档案夹中又有 20 个左右的案例,即"题材"。

比方说,在领导力的抽屉里面,贴着诸如"船长的嘴唇"[1]"欧夫特教练的牛"[2]等会令人感兴趣的标签。典范转移的抽

---

[1] "船长的嘴唇"比喻现任领导者培养接班人时,必须学着闭上嘴巴,耐心等候对方自行摸索,从错误中学习宝贵的经验。
[2] "欧夫特教练的牛"比喻领导者必须具备先见之明。

屉也一样，里面贴着"海底的百威啤酒"①或"山顶的猪"②等标签。

所谓"把头脑分成两部分"，指的是一边仔细聆听对方讲话，一边在脑海中搜寻过去的经验、类似的案例或似曾相识的感觉等。这时候，为了方便回想起过去的经验，我使用的是"二十格抽屉法"。

为委托人解决问题时，不论是同一个行业还是跨行业，总会遇到相同的情形或议题。因此，可以将相关经验或在相同议题中挑战过的案例，甚至异于商业领域的其他领域的所见所闻，作为灵感来源。

对于职场工作者而言，把各种经验累积在属于自己的抽屉里非常重要。如果一边参照自己的抽屉，一边聆听对方的谈话，那么聆听的角度将有所改变。

每个人都能找到建立各自抽屉或开启抽屉的方法，重点是平日里就要刻意完整地建构，需要时就拿出来活用——只不过这些抽屉在脑袋里。

下面列举几种活用抽屉的方法。

（1）类推（类似案例）、其他公司的案例

以在同行业或不同行业解决相同议题的经验、在同一议题上挑战过的前例为师。另外，有时可以从与商业领域截然不同的其他领域的见闻中汲取灵感。

---

① "海底的百威啤酒"比喻刻板印象往往会取代人们看到的真相。
② "山顶的猪"比喻人们往往受典范所限，无法接受改变、突破观念。

例如，通信行业因技术革新而发生巨变，呈现出不同于以往的面貌。在此之前，因为政策松绑，新兴电话公司 NCC（日本电信公司）应运而生，导致当时日本电信龙头企业 NTT 的业绩大受影响。当时，NTT 上下一片哗然，认为发生了该公司有史以来的第一次革命。然而事实上，航空业界也曾发生相同情形，只不过他们不知道类似的案例。

具体而言，航空业界曾和电信业界一样，面对政策松绑，多家航空公司投入同一航线，国外的低价航空公司也抢进美日两国的高价位黄金路线争夺旅客。既然如此，通过借鉴航空业界的案例，就可预测电信业界开放竞争之后会出现什么情况。例如，可以学习当多家航空公司大举抢进黄金路线时，价格有什么变化的案例，甚至能参考相关企业采取的应对措施。

（2）从顾客的角度看事物

从自己身为一介平民，同时也是一位消费者的角度设定论点。比方说，在进行销售之前，自己先彻底化身为使用者，试着勾勒"使用者是什么样的人？在哪里？为什么购买自家公司的商品？"必须采取行动走到一线（陈列自家商品的卖场），体验具体的事实并细心观察，而不只是坐在办公室或书房里动脑筋。

比方说，实际前往使用医疗药品的现场之后，才会知道在一线使用该药品的护士们，为了避免把形状相似的药品错给病患，会特地用签字笔在包装上写上病患的名字。由此可知，在医疗一线的现场，药物的疗效固然重要，但是制定防止医疗过失或投药错误的相关对策，才是当务之急。

是否能够想到顾客的想法，其实和抽屉里案例的多寡有关，因为我们无法彻底化身为所有顾客。

以我为例，虽然我能从男性、学者与管理顾问的角度观察事物，但我毕竟不是高中女生，也不是家庭主妇，因此无法从她们的角度来思考。但是，因为我参与过许多以高中女生或家庭主妇为面谈对象的项目，通过搜寻抽屉内的以往案例，也能得出自己无法想到的顾客的想法。

（3）用鸟的眼光、虫的眼光进行思考

经营者或总公司的员工大多是从宏观角度（鸟瞰的高度）观察事业经营，因此会忽略一线（制造或销售商品的现场）的视角（小虫的角度）。千万不能忽略现场人员工作时的心情、与顾客接触时发生了什么事情，也应避免空想。

以前我在推进厂商的业务改造计划时，为说明计划主旨首先去一线（分店）进行了拜访。那时我们察觉到分店员工看我们的眼光不太友善，所以当时觉得论点设定可能有误。也就是说，原本的出发点很好，想要帮助一线进行业务改造，没想到却增加了一线的负担。我们二话不说立刻调整，改为从一线的角度出发，重新拟定业务改造计划。

相对地，身处一线的人员往往被每天的日常工作或眼前十万火急的麻烦事（虫的眼光）追得焦头烂额，经常忘记要从公司整体或市场整体的角度（鸟的眼光）看事情。其实一线人员有必要后退一步，从稍远的距离重新审视自己的日常工作。

访谈时，如果对象是经营者或总公司的员工，就有必要考虑"这是不是站在'鸟的眼光'发言"；如果对象是一线的员工，就有必要思考"这是不是基于'虫的眼光'的发言"。

（4）借鉴过去的经验

这是指个人累积的经验。第一章中提到，日本 IT 厂商 D 公司设定的"在全球的企业赢家中，哪家是最好的合作对象"这一论点的方向不对，也是出自经验的判断。

另外，我还有一个亲身经历是，虽然企业会在较弱的地方显现出症状（病征），但是真正的原因（病灶）多半在别的地方。肠胃不好的人如果因为胃痛就认定是肠胃的疾病，会很危险。因为当身体某个部位有毛病时，往往容易出现肠胃不适的症状。比方说压力过大容易引起胃痛，心理状态不佳会引发身体疾病。公司也一样。如果销售部门太弱，产品销售就会出现症状（病征）。事实上，多数时候论点（病灶）并非在销售部门，而是在其他部门。

曾有企业因其业务部门太弱，导致不管技术部门推出什么产品，营收都无法提升。为此，该公司前来委托我们，务必对其业务部门开刀，严加整顿。然而，经过仔细调查后发现，真正的原因在于该企业的技术部门实力很强，因此自我感觉良好，对于产品开发过程放任自流，从不仔细调查消费者需求，仅凭该部门喜好擅自研发各种新产品。

【案例】增加奥运金牌的方法

请读者一面参照抽屉，一面进行思考。

接下来，以第二章"究竟该怎么做，才能让日本得到更多奥运金牌"的论点为例，说明如何参照抽屉。

（1）根据类推（类似案例）或其他公司的案例进行思考时

所谓类推，就是把相似的案例套用在目前面临的情况上。例如：把赢得奥运金牌当作唱片公司推出畅销百万张的CD，接着进行思考。畅销百万张的CD，并非唱片公司想获得就能获得的好成绩。促销宣传与努力打歌是成功不可或缺的要素，但是好的销售成绩往往纯属偶然。

实际情况是，发售了许多CD作品，碰巧其中的一张大卖百万张，仅此而已。

因此，与其把所有心血放在一位选手身上，全力栽培他夺得奥运金牌，不如考虑培养多位实力能达到赢得奥运金牌的水平的选手。如果这个等级的选手人数为目前的10倍，一旦其他国家最看好的明星选手恰逢低潮或发生意外，同时日本选手在正式比赛时意外发挥出实力之上的潜力，那么拿到的金牌数目或许会增加。

如果想采取"借鉴其他公司的案例"的模式，可调查最近奥运金牌数量大增的英国，看看他们的做法，然后再调查同样的方法是否适用于日本。

（2）从顾客的角度看事物时

站在样本群，即目标对象的立场上思考：想参加奥运会拿到金牌的人，其动机为何？抱持什么样的心态？

比方说，如果成为像北岛康介这样的奥运金牌选手，与成为像 SMAP 这样的超级偶像团体具有同等价值，则可考虑拟定这样的方案：赢得奥运金牌，将可获得和超级偶像相同的待遇。但是，如果想成为运动员的人和想成为超级偶像的人心态不同，则必须拟定不同的方案。

（3）用鸟的眼光、虫的眼光进行思考时

思考"怎么做才能增加奥运会个别竞赛项目的金牌数"属于"虫的眼光"，思考"怎么做才能让本国的奥运金牌总数增加"则是"鸟的眼光"。二者的解决方案自然大不相同。

如果要增加个别竞赛项目的金牌数，思考"对于游泳、柔道等日本擅长的运动项目各有何种强化方法"，就是"虫的眼光"。

相对地，如果以"鸟的眼光"思考，则是"放眼奥运会所有比赛项目，从参赛选手少、关注度低、积极投入的国家少等角度评估，找出容易赢得金牌的比赛项目，再针对该项目进行重点强化"。以这个方法夺取奥运金牌，应该比强化训练田径或游泳等热门竞赛来得简单吧？

4.4　将论点结构化

整理筛选的论点

当论点逐一浮现时，应该做什么？如果要加以整理或结构化，读者中也许有人会认为，这下总算轮到逻辑思考上场了。比方说，把论点分成大论点、中论点、小论点，再依序整理成"议题树"；把所有论点以彼此独立、互无遗漏的MECE原则（Mutually Exclusive Collectively Exhaustive）进行整理；依照"因为A所以B""因为B所以C""因为C所以D"的顺序，逐一推演逻辑流程；等等。

然而，我几乎不用这些方法。为了慎重起见，我采访了多位BCG资深顾问，结果没有人使用这些方法。

有资深顾问会在论点明确后，为了验证或避免遗漏而使用前述逻辑思考法，但是没有顾问会依循前述方法逐步进行拆解问题、发现问题。这就是"书本上写的方法"和"实际执行的方法"两者之间最大的差异。

这些资深顾问采取的方法是，把论点写在纸上，进一步整理并着手建立论点的结构。他们会先并排写下关键词，看看是否能作为论点。只是这些方法并非众所周知的议题树（逻辑树）或 MECE 原则罢了。

说穿了，每个人会使用各自的方法行事，重要的是要找到自己的模式。有人是用书写的方法，有人则采用讨论的方式。

以我为例，我会把出于直觉产生的论点直接抛给对方（客户或同事），再逐步逼近核心，所以很少用到纸张。即便如此，每当碰到瓶颈时，我还是会用电脑中的编辑功能（原始的文字处理），试着整理论点。

有位资深管理顾问采用如下单纯的方法：首先，以列条目的方式，把想到的可能的论点全部写在笔记本上（long list，入围名单）；其次，进行分组，逐步锁定可能的论点（short list，决选名单）（详见图 4-1）。

另一位资深顾问则把被视为论点的事项一一写下来，摊在桌上检视。然后，以直线连接其中的相关项目。这样做可以让论点的相关性、因果关系或重要性更为明确。在思考的问题上面，标示大、中、小等级别，思考其顺序或关系。比方说，问题 A 和问题 B 相互联结，问题 A 和问题 a 属于上下关系。以问题 E 和问题 F 而言，可思考如果选择 E，是否 F 就无法成立或被漏掉（详见图 4-2）。

思考位于上层概念的论点

将论点进行结构化时，也可以采取以下方法：以某个论点为

图 4-1 从入围名单到决选名单

- 市场占有率呈下降趋势，收益减少
- 生产成本高
- 产品竞争力不足，销量平平
- 产品与客户需求不符
- 单件产品的销量低
- 竞争对手开发的产品迎合了客户需求
- 定价高，但是产品质量获得好评
- 既有客户对产品的忠实度高，但新客户未有增加
- 新开发的产品往往出现小范围的热销，但无法持续畅销

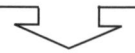

○ 问题不在于生产成本，利润减少的最大原因是主力产品的业绩不振
○ 因为既有产品的评价好，其他产品坐享其成
○ 竞争对手开发的优秀产品夺走了年轻客户群体的市场份额

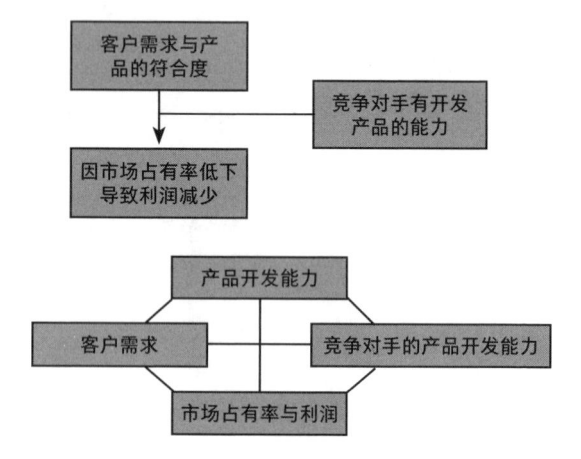

客户需求与产品的符合度 → 因市场占有率低下导致利润减少 ← 竞争对手有开发产品的能力

产品开发能力
客户需求
竞争对手的产品开发能力
市场占有率与利润

图 4-2 论点的联结

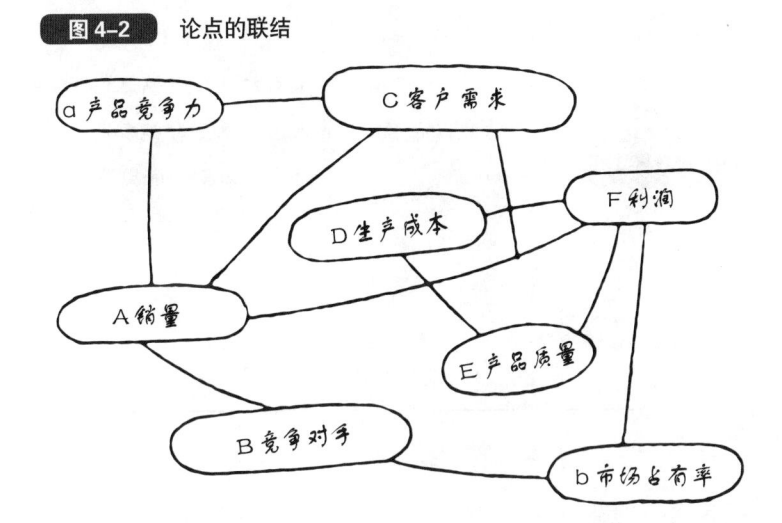

[图：论点联结网络图，包含 a 产品竞争力、C 客户需求、D 生产成本、F 利润、A 销量、E 产品质量、B 竞争对手、b 市场占有率]

起点，思考位于该论点上层的论点。如此一来，能让与该论点并列的论点浮现（详见图 4-3）。以图 4-3 为例，可以看出论点 A 位于论点 a 的上一层，找到论点 A 就可以找出与论点 a 处于同一层的论点 b 与论点 c。

比方说，上司指派你思考"如何开拓新客户"。这时，一般职场工作者思考的是构成"论点 a：开拓新客户"的下一层论点 x、y、z。然而，称职的职场工作者此时应该思考更上层的论点 A 究竟是什么，如"为什么需要开拓新客户"之类的论点。

如果上司为了提高销量而希望开拓新客户，则论点 b 或 c 会出现"开发新产品"或"深耕既有客户"等论点并列的局面。而在比较、讨论与这些论点并列的论点之后，再提出"开拓新客户"的建议，上司应该会比较满意。

图 4-3 思考位于上层的论点

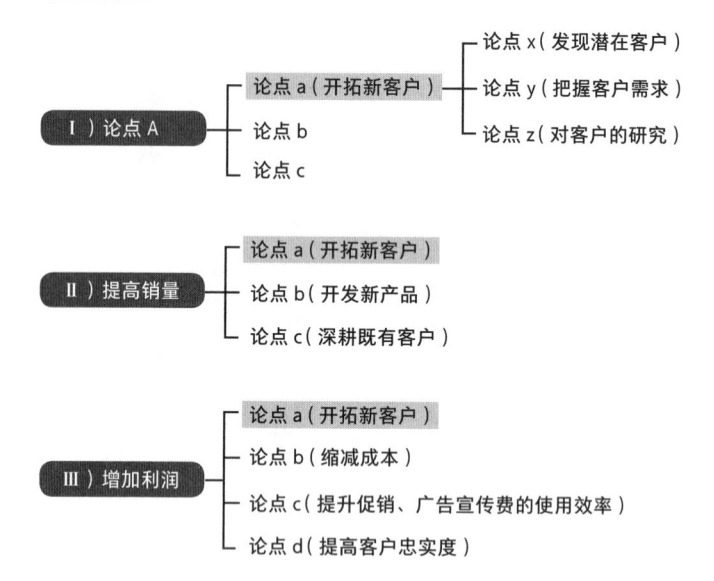

Ⅰ）论点 A
- 论点 a（开拓新客户）
  - 论点 x（发现潜在客户）
  - 论点 y（把握客户需求）
  - 论点 z（对客户的研究）
- 论点 b
- 论点 c

Ⅱ）提高销量
- 论点 a（开拓新客户）
- 论点 b（开发新产品）
- 论点 c（深耕既有客户）

Ⅲ）增加利润
- 论点 a（开拓新客户）
- 论点 b（缩减成本）
- 论点 c（提升促销、广告宣传费的使用效率）
- 论点 d（提高客户忠实度）

相对地，如果上司的目的不在于提高销量，而是为弥补因业绩低迷而减少的利润，与"论点 a：开拓新客户"相提并论的应是"论点 b：缩减成本""论点 c：提升促销、广告宣传费的使用效率""论点 d：提高客户忠实度"等。

我希望各位读者记住一件事情，那就是不要把焦点放在上司指派的论点 a，以及位于论点 a 下层的论点 x、y、z 上，而应思考论点 a 更上层的论点 A。事实上，通过这样的方式，论点 a 的破解方法也会随之而异。

将所有论点都整理在笔记本上并摊开检视时，可以一边看着整理的内容，一边在脑海中进行模拟。事实上，有的管理顾问会事先在脑海中一一模拟与客户之间的对话，比如"如果把自己假设的论点直接抛给对方，对方会有什么反应？""如果采取实际行动，状况会有什么变化？"等。

也就是说，在心里设定咄咄逼人、追根究底的"逼问者"的角色，扮演回答各种难题的"答复者"的角色，自己进行模拟演练。这位顾问称此方式为"自问自答"，就像一人分饰两角的独角戏。这是相当聪明的方法。

结构化也需要推测

进行结构化时，前述的"推测"极为重要。例如，当有一个"是否应开始投入××事业"的大论点时，如果只以逻辑整理论点，将变成如下所述的情况（详见图4-4）。

首先，必须就"市场潜力够大吗？""能否建立竞争优势？""可获得与投资相应的回报吗？""能否投入足够的资源？"等中论点进行研讨。

其次，必须一方面确保这些中论点的整合性，一方面思考构成个别论点的要素。例如，可以把市场潜力进一步分解成"市场可做何种区分？各分区的大小如何？""哪个规模的市场对自家公司有意义且值得锁定？"等小论点。

按照议题树，逐步把论点往下细分为更下层的论点。

但是，依照这种方法，论点将越分越细，结果反而会模糊重要的论点，或是因亟欲对所有论点提出解答而走进死胡同。因为

图 4-4 通过议题树将论点结构化的具体事例

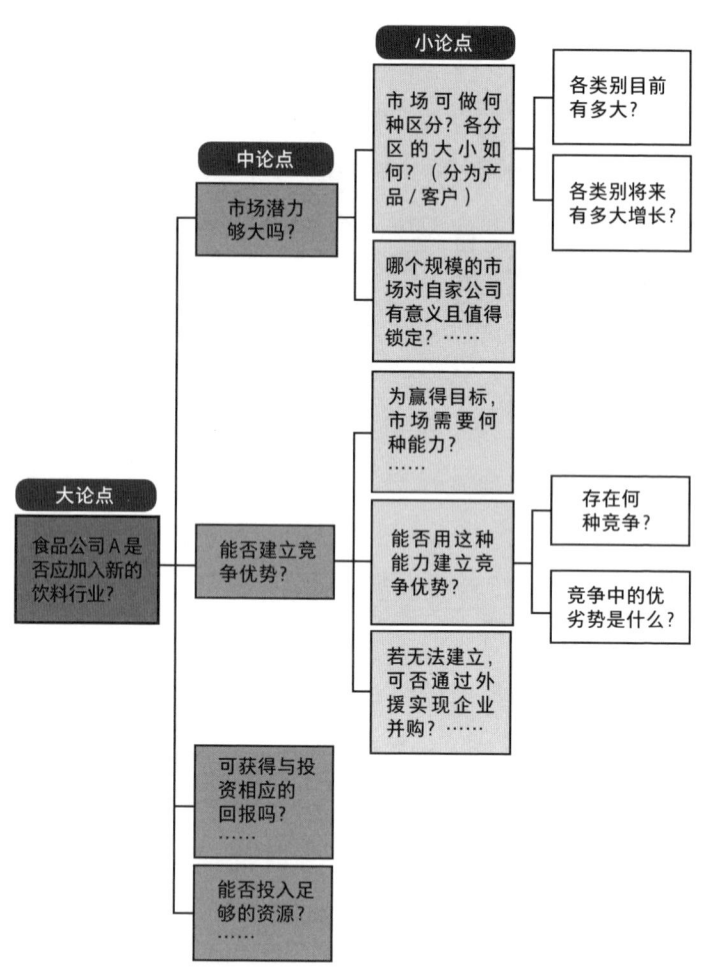

大论点: 食品公司 A 是否应加入新的饮料行业?

- **中论点**: 市场潜力够大吗?
  - **小论点**: 市场可做何种区分? 各分区的大小如何? (分为产品/客户)
    - 各类别目前有多大?
    - 各类别将来有多大增长?
  - **小论点**: 哪个规模的市场对自家公司有意义且值得锁定? ……

- **中论点**: 能否建立竞争优势?
  - **小论点**: 为赢得目标, 市场需要何种能力? ……
  - **小论点**: 能否用这种能力建立竞争优势?
    - 存在何种竞争?
    - 竞争中的优劣势是什么?
  - **小论点**: 若无法建立, 可否通过外援实现企业并购? ……

- **中论点**: 可获得与投资相应的回报吗? ……

- **中论点**: 能否投入足够的资源? ……

出自杉田浩章《BCG 解决问题的工作方法》*Think! 2002 SPR.[No.1]*

分散为许多问题，导致最后无法解决问题的案例也不在少数。

相对于这种方法，筛选出优先级排在前列的论点，比如"这才是应投入的问题""只要能解决这个问题，有其他牺牲也无所谓"，就是"推测"的思考方法。

例如运用假说思考做出论点设定：想要成功发展此事业，"竞争优势"可能就是论点。

敲定论点之后，进一步深入探讨论点就会发现，同样是"竞争优势"，相较于技术层面的优势，对于使用者而言"究竟好不好用"才是重要的论点，或者价格便宜与否等单纯的经济问题，才是最大的论点……

另外，外部因素导致自家公司丧失以往建立的竞争优势的事实，比如"其他公司开发了划时代的产品"或"出现了强大的新进业者"也会作为论点浮现出来。总之，要像这样锁定焦点后再一一挖掘论点。

这时候，有的顾问会把议题树当成核验表，检验自己敲定的论点究竟有没有问题或漏洞。比方说，在探讨了"市场风险""竞争风险"等要素之后，推测问题的本质在于"获利性"。若还没有探讨其他要素就贸然断定是"获利性"的问题，那么出错的风险性必定不同。

有时也会考虑效果，从中小论点着手

虽然整理好大论点、中论点、小论点之后，最终还是要解决大论点，不过在实行方法上，有时会做出"比起从大论点着手，先从中小论点着手的效果会比较好"的判断。

即使是治疗病患，有时也无法立刻着手治疗病灶所在部位，而需要从其他部位开始治疗。假设有一位患者的病征是腹痛、无法进食，经过仔细检查之后发现病患的肝脏有问题。有时医生会做出如下判断：因为肝脏开刀是大手术，所以应先进行控制腹痛的治疗以让病患能够进食，并利用这段时间让病患积蓄足以承受大手术的体力等。

同样的方法也适用于商业领域。比方说，某公司业绩不佳，虽然看似业务、生产或研发部门都有问题，但是经过调查之后发现，最大的问题即大论点其实在生产部门。

这时，并非要立刻从大论点着手解决。虽然知道最大的问题在生产部门，但如果直接整顿生产部门，可能会过度消耗公司，甚至使公司在改善途中因撑不住而倒闭。因此，通常会从可以立竿见影的业务部门着手，等到现金流获得改善之后，再大刀阔斧地进行改革。

笔者曾采访过成功重建濒临倒闭的品川女子学院的校长漆紫穗子。虽然知道改善校舍或设备等硬件能够有立竿见影的效果，但是这么做不仅花钱也花时间。于是她先从可以立刻付诸行动的软件层面进行改革。比方说，改变老师们的授课方式，激发学生的学习意愿，获得家长的协助，点燃老师的教学热情。她从这些软件层面着手，陆续进行改革，成功地让学校起死回生。当然，该校校舍现在已焕然一新。

假设某汽车厂商的产品质量出现问题，消费者对该公司的产品失去了信赖。这时，即使召回质量有瑕疵的产品，也未必能解决根本问题。按理说，确保后续推出的新产品不再出现质量问题，才是解决问题的根本之道。但是，即使推出质量好的新产品，如果没有经过几年的使用，谁也无法评判其质量真正如何。想要重新获得消费者的信赖，无法一蹴而就。

相对地，紧急召回瑕疵产品的举动，能传递给消费者以下信息：汽车厂商已经改头换面、有别于以往，开始投入新的生产活动。这种做法的好处是能带给消费者与以往不同的全新观感。

像这样思考"着手解决的问题并非大论点时，会对大论点产生什么影响"极为重要。

制作虫蛀树

如同前述，我们不会在完整列出议题树之后才设定论点，不过偶尔会为了设定论点而利用议题树。

所谓论点的结构化，在理论上指"为解答大论点，把'应挖掘的方向和单位数量'进行因数分解，化为中论点、小论点，再逐一整理为树状结构"。换句话说，就是先建立假说，再进行验证与反证，然后通过横向的因数分解和纵向的上下关系勾勒全貌，再将制作完成的树状结构区分成各个模块，逐一破解。

在实务中，其实很少能画出完整漂亮的议题树。当案例比较单纯时，会以大论点为起点，呈放射状向外扩展为中论点、小论点。不过这种完美的案例极为罕见,因此不必太拘泥于画出结构完美的议题树。

在无法判断问题为大论点、中论点还是小论点的情况下,大部分案例只是凌乱地浮现着几个貌似是论点的问题。

或许 A 看起来就是大论点。可是不管怎么看,它都无法和 B 联结。这类状况很常见。也许 C 可以将二者串联起来,但不知道 C 是什么。碰到这种情况时,可以把"或许有什么"的部分直接空出来(详见图 4-5)。

也就是说,即使画出来的是一棵"虫蛀树",即不完美的议题树也无妨。只要有几个看得到的论点,彼此之间以实线连接着就行。

通过假说或访谈等方式,已想出论点 A、B、C,但不知道其各自的相关性。进一步思索后,论点 X 或 D 可能会浮现,同时也逐渐弄清了论点 A 和 B 的关联性。"虫蛀树"将像这样一步步慢慢完成。一开始会显得凌乱分散,但是最后会整理成完整漂亮的树状结构。这种完整漂亮的结构是最后呈现出的效果,不需要一开始就描绘出完美的树形图。

切记,论点具有层次上的差异

假设为了重振业绩低迷的航空公司 K,最初浮现的论点是"缩减负债"和"提升业务能力",但这两个论点没有直接关系。这时,就要思考"也许是因为二者的层次不同",或者怀疑是否还

第四章　确认全貌、掌握论点　　111

图 4-5　虫蛀树

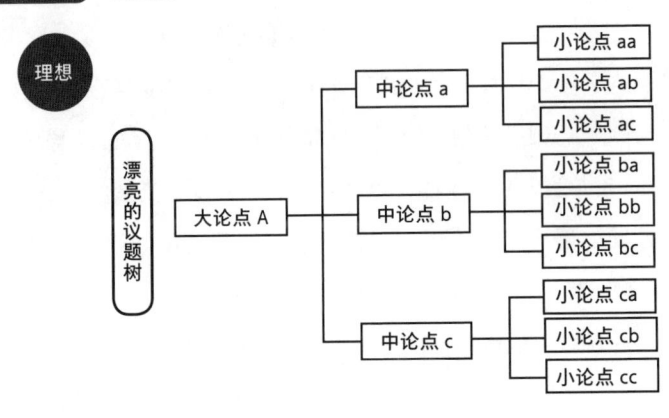

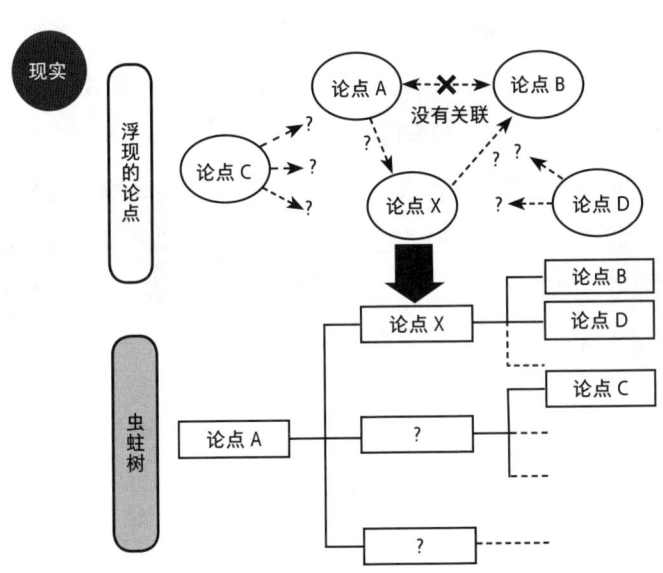

理想

漂亮的议题树

- 大论点 A
  - 中论点 a
    - 小论点 aa
    - 小论点 ab
    - 小论点 ac
  - 中论点 b
    - 小论点 ba
    - 小论点 bb
    - 小论点 bc
  - 中论点 c
    - 小论点 ca
    - 小论点 cb
    - 小论点 cc

现实

浮现的论点

论点 A ✗ 论点 B（没有关联）
论点 C → ?
论点 X
论点 D

虫蛀树

- 论点 A
  - 论点 X
    - 论点 B
    - 论点 D
  - ?
    - 论点 C
  - ?

有更上层的论点。

以这个案例而言,缩减负债的上层论点可能是改善财务状况,这个论点有时与"提升业务能力"是同一层次的论点,或者"提升业务能力"的上层论点是"改善现金流量"。这时候,除了"提升业务能力"这个能够增加收入、改善现金流量的论点之外,在相同的层次上,将浮现降低成本、缩减费用以增加获利,即"现金流量"层次的其他论点(详见图4-6)。

这种论点层次不同的情况很常见。比方说,认为"为了重建K公司,是否应卖掉亏损部门"是论点时,却发现"如果不着力提升业务能力、增加营收,K公司将濒临倒闭"。乍看之下,"卖掉亏损部门"和"提升业务能力"两者似无关联。当层次不同的论点逐一浮现时,可以暂时摆放在"虫蛀树"上(详见图4-7)。

然后,慢慢就会发现财务方面的问题。在此前提下观察论点的全貌,当发现改善财务状况是"公司重建"这个大论点所需的绝对条件时,"改善财务状况"即成为中论点。但是就实际的解决方案而言,会做出"考虑到公司的实力,首先应提升业务能力、增加现金流量"等判断。

再来看看其他案例,如果客户前来咨询:"计算了今后三年的现金流量后,发现公司负债将超过公司总资产,有倒闭之虞,希望管理顾问能为我们想想办法。"这表示客户察觉到了现在应着手解决的大论点。如果同一客户前来咨询:"近来营收一直停滞不前,结算出现亏损。希望顾问帮我们想一想办法,重整有问题的业务部门",则表示客户未注意到大论点,以为问题的本质在于中

第四章 确认全貌、掌握论点　113

图 4-6 探讨两个论点的关系

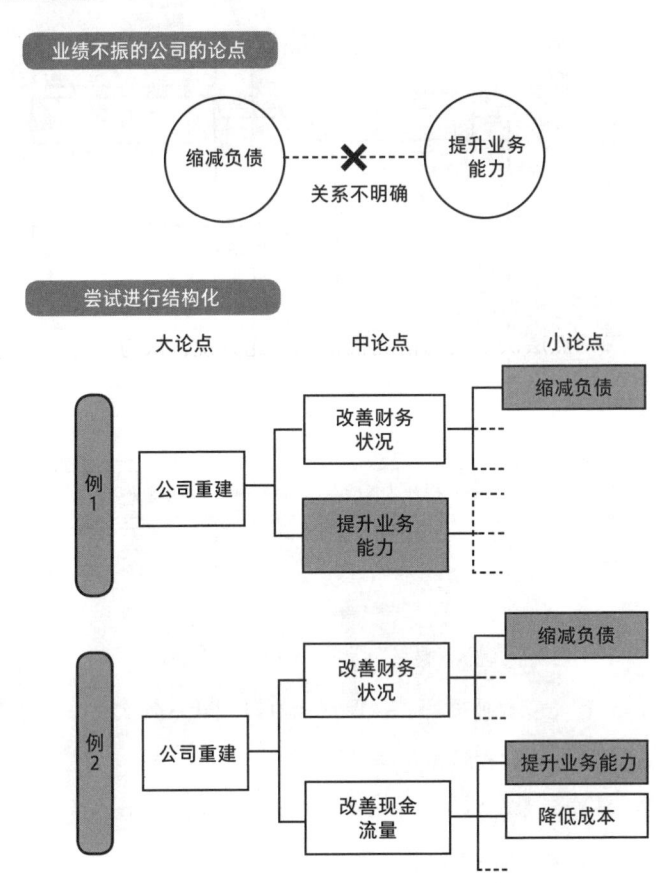

业绩不振的公司的论点

缩减负债 ✗ 提升业务能力
关系不明确

尝试进行结构化

例1：
大论点：公司重建
中论点：改善财务状况 / 提升业务能力
小论点：缩减负债 / 提升业务能力

例2：
大论点：公司重建
中论点：改善财务状况 / 改善现金流量
小论点：缩减负债 / 提升业务能力、降低成本

注：常常有这样的例子，比如两个论点的层次不同，或者在大论点之前有两个相互关联的上层论点。

论点，也就是"提升业务能力"上。

碰到这种情形，应如前所述一边提问，一边按照下列方式建立包含中论点的大论点，比如"即使解决业务部门的问题，恐怕

图 4-7　虫蛀树的例子

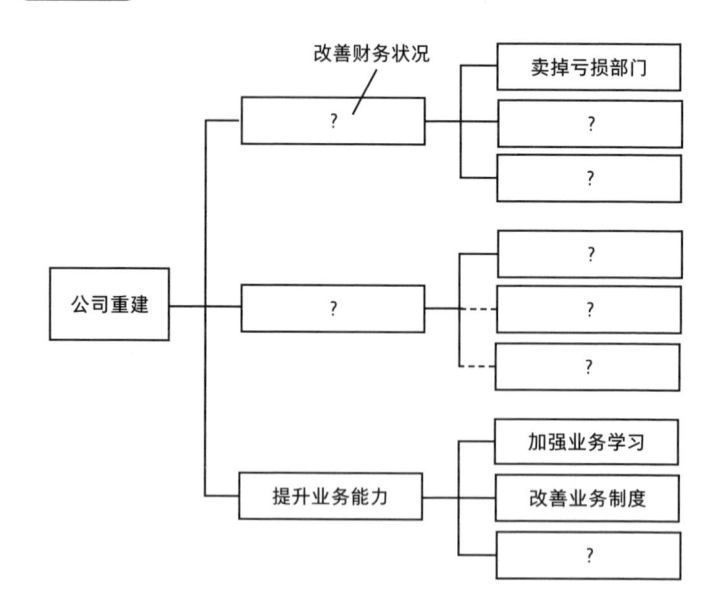

```
                          改善财务状况 ─┬─ 卖掉亏损部门
                    ┌─── [ ? ] ────────┼─── [ ? ]
                    │                  └─── [ ? ]
                    │
                    │                   ┌─── [ ? ]
     公司重建 ──────┼─── [ ? ] ────────┼─── [ ? ]
                    │                   └─── [ ? ]
                    │
                    │                   ┌─── 加强业务学习
                    └─── 提升业务能力 ─┼─── 改善业务制度
                                        └─── [ ? ]
```

也解决不了财务问题""财务问题是大论点，但不是一朝一夕就能解决的。首先应卖掉资产，确保资金可以周转；其次重整业务部门；最后再处理财务问题"等。

有时候，在解决大论点之际，如果没有解决中论点或小论点，就无法立刻解决大论点。

以前述航空公司 K 为例，若想改善该公司的经营状况，需要双管齐下：一是改善业务或市场营销以增加收入；二是改善财务状况。如果只进行改善财务状况的单一对策，可能会把部门单独卖出以换取现金。如果只改善业务，一旦资金周转不灵，公司就会陷入倒闭的危机。所以，必须进行整体而全面的判断。

掌握全貌，从眼前工作着手

经营者大概都知道什么是大论点，但是前来委托管理顾问解决问题或指派普通职场工作者做事的人员未必个个是经营者（有时是经营者，有时是部门上司、直属上司或跨部门人员）。由事业部部长、经营企划部部长等人提出委托的情形也不在少数。如此一来，常会发生他们的论点与经营者的论点相左的情况。

笔者曾在前面提到论点因人而异，除此之外，论点也会因立场而异。

以管理顾问公司的项目为例，大论点通常由资深的管理顾问提出，再由承接大论点的管理顾问（项目经理层级）与下属共同研究大论点。所以每天在管理顾问的对话里出现的"论点"，虽然有已指明的大论点，但大部分是把大论点进行因数分解后出现的中论点、小论点。

普通职场工作者也会接到上司"希望你能解决业务制度的问题"（大论点）等指示，在调查后发现，有些地区的业务人员虽然人数少却有获利，有些地区则不然。于是他会思考其中的差异究竟是什么。这是解决大论点所需解决的小论点，相当于是企业的中层管理人员思考的问题。

员工接到的论点可能是中论点，也可能是小论点。我们有时会将这些中论点或小论点误认作大论点（以为问题只有这个，其实不然），其实最好关注中论点或大论点等更上层的论点，并立足于事情的整体框架解决自己应解决的问题，这有助于自我成长。

在日常工作中，应该随时抱着"究竟什么是大论点"的意识进行思考。不论职位高低，若能随时抱着这样的态度，企业将能可持续发展。究竟要锁定什么论点作为自己实际要解决的问题则另当别论。

各位读者不妨思考这些问题："什么是自己非解决不可的问题？""现在要对什么问题提出解答？""自己为了什么目的要解决什么问题？""需要针对什么问题做出定论，并为此投入自己的时间？""如何为公司做出贡献？"

"工作"和"作业"是两回事。在日常工作中，难免有变成"作业员"的风险。虽然坊间充斥着各种传授工作术的书籍，Excel 软件的达人、搜集信息的达人、检索信息的达人也不断增多，但是这些技术充其量是手段。因为有"某个目的"，人们才会使用该手段。如果错把手段当成目的，就大事不妙了。

掌握事情全貌，看清自己要做的工作，是一件很重要的事情。

找到论点后建立结构

各位读者是否已经发现，前述的问题设定方法与坊间流传的方法完全相反？

一般的方法论是先把课题结构化，以掌握全貌为最优先事项；其次是厘清个别课题的因果关系，思考各个问题的解决方法。

而BCG式切入方式是先从推测"这可能是问题"开始,然后与经营者进行访谈、实地走访一线(现场)或与数据库(抽屉)相互对照、验证,最后为求谨慎,再从事情全貌出发确认有无错误——这就是论点思考的精髓。

第五章

通过个案掌握论点思考的流程

【案例】 你接到上司指示："原料费不断上涨，希望你能解决成本的问题。"

首先，从掌握现象开始

本章将参考案例，用论点思考的方式和各位读者一起找对问题、解决问题。流程大致如下：首先根据现象（请注意，"现象"并非"问题"，也不等于"论点"）建立假说、挑出论点；其次思考建立的论点假说是否正确。

如果是无法破解的论点或即使破解也无成效的论点，就以删除该论点或调整优先级等方式锁定论点，验证并整理论点后再进行结构化。

【问题】

你是糖果饼干制造商经营企划部的员工，上司指派你拟定经营策略。他说："近来原料费不断上涨，公司今年可能会出现亏损。你设法解决这个成本问题。"那么，你要怎么切入呢？

问题背景详述如下：

近年来，公司营收与获利双双减少。公司擅长的产品领域是以幼儿及小学生为目标客户群体的零食、糖果等食品，销售策略是主营长期畅销类商品。

在调查了糖果饼干整体行业之后发现，业绩不是原地踏步，就是有些微衰退。从1997年到2006年的九年中，总产量减少了4.5%、总产值减少了5.1%。究其原因，有糖果饼干的市场已趋成熟，加上消费者追求健康饮食，不再吃太多甜点、零食，以及少子化造成的儿童人口减少等。虽然如此，并非所有厂商的业绩都出现了负增长，有些厂商的业绩仍在增长。

此外，竞争对手众多，高达数百家。在市场不断萎缩的情况下，竞争日趋白热化。

而且，面粉、可可豆等原料价格飙涨，所以，制造费用也随之提高。

虽然公司不断进行新商品的研发，但是只要新商品畅销，立刻就有其他厂商模仿跟进推出相同的商品，造成公司很难创出长期畅销类商品及受到众人追捧的必买商品。虽说这是成熟行业的共同现象，但是通过商品研发进行商品差异化也日益困难。

便利商店是糖果饼干的重要销售渠道，但是便利商店通常会表示"公司必须打电视广告"，商品才能在便利商店上架。商品能不能畅销都还是未知数，却因为非打电视广告不可，导致营销成本剧增。

除此之外，食品安全成为当前的议题。原料来源、生产履历、食品工厂的质量管理等也成为问题。当然，本土厂商还得面对进口商品的威胁。

零食点心领域也兴起了注重健康的潮流，比方说取得"特定保健食品"许可，在产品包装上标示"不易蛀牙""让牙齿更坚固健康"的口香糖在日本蔚为流行。此外，利用巧克力内含有的可可多酚（具有改善动脉硬化的作用，预防代谢症候群），以40岁以上男性为目标客户而生产的拥有高浓度可可原料比例，具有舒压与补给能量效果的健康巧克力商品也大受欢迎。

一般人都以为上述内容是"问题"，但这不过是"现象"，你必须从"问题的本质是什么"的角度观察现象。

大胆推测

首先，建立如下假说："成本上涨或竞争白热化并非真正的论点。"虽然公司获利下降，但是放眼糖果饼干行业，有些厂商的获利并没有减少。竞争白热化或原料价格上涨等因素，并非对所有食品商都造成了影响。

公司的论点也许不是行业共同的问题，而是该公司独有的问题。

可能的论点之一是目标市场的问题。目前，少子化造成儿童人口数日渐减少，而在公司的商品组合里，糖果点心等主力商品的客户群体是幼儿和小学生，这就出现了商品组合和市场需求不一致的问题。换句话说，商品既无法满足处于增长期的以健康为导向的成年人市场，也不符合作为主力市场的中学生、高中生、大学生、女性上班族等群体的需求。

此外，公司比较重视长期畅销类商品。若是儿童人口增加，那么纵使年代更迭，这样的策略仍可维持销量。不过，当儿童人口越来越少，公司商品的支持者就会随之减少。如果商品受到儿童消费者的热情支持，成年消费者却根本不购买，那么当儿童人口数减半时，纵使该商品仍能获得同样力度的支持，营收还是会减半。

如果一定要把主力放在长期畅销类商品上，至少要设法让该商品能够应对目标客户群体的年龄增长，或针对不断成长的市场开发长期畅销类商品。

对公司而言，相较于成本上涨和竞争激烈，上述问题才是大论点。

另一个可能的论点是公司商品的构成比例。主要品项包括糖果、巧克力、口香糖、饼干、米果（以米为原料制成的饼干，比如仙贝）等休闲食品。如果想在各领域都拿下些许市场占有率，那么各品项都需要花费成本或市场营销费用。相较于此，擅长某个领域更容易有所获利。

此外，对于市场持续萎缩的品项，如果坚守不退，将导致业绩恶化。很明显，糖果属于市场不断萎缩的品项。虽然公司在此品项中的市场占有率排名第一，但是在一个日渐萎缩的市场拿下第一又有什么意义？营收、获利总有其极限。

休闲食品市场主要的增长动力来自健康需求，眼看同行的业绩蒸蒸日上，但是公司仍在观望，迟迟没有投入。

整个糖果饼干行业面临严峻挑战是不争的事实，但是公司之所以不如其他公司，是因为策略有问题。你发现公司的商品组合跟不上市场变化，就是大论点所在。降低原料、生产制造及供应链管理的成本或许是一时的强心剂，但不是解决问题的根本之道。你必须这样一步步建立关于论点的假说。

通过访谈输入相关信息

其次，对经营者或干部进行访谈，向其提出问题或抛出暂定的论点，观察对方的反应。

第一次访谈时，可以试着问他们："您认为是什么因素造成了业绩低迷？"如果经营者回答"原因在于成本上涨，或者行业竞争激烈"，那么他们往往在这个阶段就停止了思考。

就公司所属行业而言，在同样的条件下，仍有同行的厂商赚钱。既然如此，你可以试着问："为什么同行业的其他公司都有获利，我们公司却没有？"也就是说，通过提问的方式一一击破经营者的成见。

整个糖果饼干行业目前出现了下列现象：日本市场迈入成熟期、竞争日益激烈、原料和制造成本上涨、广告和市场营销成本增加、消费者更注重食品安全、消费者依赖老品牌等。

放眼同行业的其他竞争对手，是否所有厂商都出现了亏损问题？其实不然。仔细调查了获利下降的同行业厂商之后发现，L

公司是因为原料和制造成本上涨而导致获利减少；M公司是因为严格管控食品安全的相关成本增加而导致获利减少。这么一来，同行业的各家厂商的业绩恶化，有可能是由这类因素共同导致的。如此一来就会知道，经营者原本认为是论点的问题，其实并非发生在所有同行业厂商身上。

如果经营者漏掉了这些因素，那么问题也许就出在这里。

可以接着问一些潜藏的因素，例如："在可能的原因之中，您认为哪一个是最重要的原因？""相较于其他公司，贵公司的强项、弱点是什么？"最后问出："什么是贵公司有，但同行业的其他公司没有的问题？"

还可以试着直接抛出前述假说，询问经营者或管理层："会不会是因为商品组合不符合目标客户群体的需求？"

除此之外，另一个可能的原因是消费者需求的变化。成年人开始注重吃少油低盐、健康的点心零食，排斥多油重盐的休闲食品。

其他可能的原因是"产品组合"的不同。这会因企业不同而产生极大差异。汽车厂商就是最典型的例子。例如，当消费者倾向于购买休闲车时，畅销的车款是三菱汽车的帕杰罗。当厢型车引发热潮时，富士重工旗下的斯巴鲁汽车力狮则大为畅销。由于企业的产品组合各有不同，导致个别企业的增长率和行业的平均增长率有所偏差，这其实是司空见惯的事情。

进行访谈的诀窍是，不要原封不动地全盘接受对方倾吐的苦恼或问题点，并将其直接当成论点。因为很多时候他们会误把

"现象"解释为"问题"。另外，他们还会凭着自己的成见，从众多论点当中选择论点，所以请各位读者务必小心。

除了访谈之外，另一个方法是前往一线（现场）观察。例如，前往超市或便利商店，观察陈列糖果饼干的卖场。有时与渠道商访谈，也会了解到问题所在。

对照抽屉——借鉴类似案例

你应该试着想想看，其他行业是否也经历过类似状况？

比方说，汽车行业也有目标客户群体发生变化的情况。汽车行业的产品线（产品组合）原先并无小型车或轻型车，自从2008年发生金融海啸以来，由于无法应对消费者的需求变化，厂商们陷入苦斗。

在美国市场中，本田汽车的营收之所以没有丰田汽车下滑得那么严重，是因为本田对大型车的依赖程度较低。如果知道这个案例，当听闻糖果饼干厂商面临的状况时，就可以从脑海中的"抽屉"里跳出"目标市场发生变化"这个关键词。

成本上涨、竞争激烈、儿童人数减少的问题发生在整个糖果饼干行业，如果只有本公司因此业绩下滑，会显得很奇怪。如果是行业结构的问题，那么业绩下滑的问题会在同行业的其他公司中出现。如果同行中没有业绩下滑的情形发生，那么这就不是问题的本质。

若从少子化的角度来看其他行业，文具厂商也面临着类似的问题。有办公用、儿童用、中学生或女性上班族用的各种文具，客户群体不同，目标市场大相径庭。如此一来，某种文具卖得是否好，在不同场所也会有很大差异。以文具的产品组合为例，有要价数十万日元的钢笔，也有只要数十日元的橡皮擦。因此，问题并不是"因为儿童人口数减少，造成文具销量下滑"那么简单。同理可证，并非儿童人口数减少，就必然导致糖果饼干行业的业绩变差。

通过结构化确认论点

把此前建立的假说，取得的"输入"等整理在笔记本上。接着，动手区分该问题是行业整体出现的问题，还是公司独有的问题，并进行思考。

上司交给你的论点是：

- 如何解决成本的问题？

可能的论点见表 5-1：

表 5-1　可能的论点

	行业整体的问题	论点
市场成熟化	○	×
竞争日趋激烈	○	×
原料费、制造费上涨	○	×
研发新商品也无法形成差异化	○	×
广告、营销成本增加	○	×
食品安全	○	×
进口商品的威胁	○	×
对老品牌的依赖	×	○
消费者需求的变化	○	○
商品类别的定位	×	◎

由于整体行业中存在的问题并非论点，所以将其排除在外。如此一来，浮现出的是"对老品牌的依赖""消费者需求的变化""商品类别的定位"，这三项即成为论点。这几个论点相互重叠，导出的大论点可能是"商品类别的定位"。

接着再进一步用产品组合管理（Product Portfolio Management, PPM）分析自家公司投入的产品或事业（详见图 5-1）。产品组合管理是 BCG 开发的架构，用来分析产品组合。产品组合管理采用横轴和纵轴的形式，纵轴代表市场增长率，横轴代表相对市场占有率，形成矩阵，再将事业分类至四个象限。

属于市场占有率低、市场增长率低这个类别的商品是"瘦狗"（Dogs）；属于市场占有率高、市场增长率低类别的商品是"现金牛"（Cash Cows）；属于市场占有率低、市场增长率高类别的商品是"问题儿童"（Question Marks）；属于市场占有率高、市场增长率高类别的商品是"明星"（Stars）。

自家公司的产品如果全是"瘦狗"，自然不行，但如果全部属于"明星"，也很危险。因为费钱，所以可能成为"问题"。最理想的产品组合模式是，有作为赚钱主力的"现金牛"，有几个"问题"，再将其中一个或两个培育成"明星"。

对该公司而言，主打儿童市场的点心零食产品是"现金牛"，糖果则是"瘦狗"。

另外，主打成年人市场或健康的产品，公司要么没有，要么

图 5-1 PPM 分析

	高相对市场占有率	低相对市场占有率
高市场增长率	明星 Stars ＜增长期待→维持＞	问题 Question Marks ＜竞争激烈→培育＞
低市场增长率	现金牛 Cash Cows ＜成熟领域·收益稳定→获利＞	瘦狗 Dogs ＜停滞·倒退→撤退＞

因为商品吸引力太弱，导致几乎没有"问题"或"明星"类产品。

通过将此论点结构化，可以验证"商品组合不符合市场变化是大论点"的假说。

不能当一辈子作业员

由于处理的问题不同，参照的"抽屉"也大异其趣。比方说，库存问题、质量管理问题、信息系统、物流成本、企业组织方式等，应视不同的问题，打开看似与该问题有关的"抽屉"。

我的"抽屉"里摆放着各式各样的内容，例如：

① 3C 分析：从顾客（Customer）、竞争者（Competitor）与公司（Company）的角度检视营销的策略。
② 迈克尔·波特的五力模型：由哈佛商学院教授迈克尔·波特在 1979 年提出的竞争理论。主张供货商的议价能力、客户（或购买者）的议价能力、市场新竞争者的威胁、替代品（或替代服务）的威胁、现有竞争者的竞争能力等五种力量的不同组合变化，将最终影响利润的变化。
③ 迈克尔·波特的三大竞争策略：差异化、专一化、成本领先。
④ 价值链分析。
⑤ 产品组合管理分析。

⑥ 产品生命周期。

⑦ 埃弗雷特·罗杰斯的创新扩散理论。

⑧ 菲利普·科特勒的竞争地位策略。

⑨ 伊戈尔·安索夫的成长矩阵（亦称为安索夫矩阵）。

除此之外，还有各式各样的管理理论与经营方法。

但是，我不会每次都把这些内容全部拿出来使用。

当需要证明类似本案例中的产品组合存在的问题时，就适合运用产品组合管理分析。此时，用价值链分析或五力模型分析竞争要素、行业结构等没有任何意义。

然而，如果阅读过与策略相关的书籍，就会发现书中往往会把这类分析方法全部拿出来用一遍。这是穷尽式思考，最后很可能无法解决问题。

我在实际操作时，不会拆解到这个程度，而是凭直觉选取论点，在无意识中删除那些耗时费力且不必要的分析手法。这大概是因为我从事了多年的管理顾问工作，在不知不觉中养成了这种思考方式。若是经验尚浅的工作者，应该各种方法都试试看，以累积经验。即使想要累积经验，如果一开始就能先从推测着手，再从错误中学习，将加快经验累积的脚步。请各位读者务必把这点谨记在心。

当到达可以自己做决策的职级时，就会知道论点所在。但即使是基层工作者，只要一步步做出决策，也会渐渐培养出"我想不是那样，而是这样"的判断能力。能够判断，意味着背后有论点支撑。

其实，我曾经也是个不折不扣的"作业员"。当时的我一直对着计算机屏幕猛敲键盘，想要搜集数据。虽然我基于对过去的反省，不厌其烦地向各位读者强调"绝对不可以当一辈子作业员"，不过也正是因为当作业员的经历，才使我学会了设定论点的思考法。

我觉得那些不曾埋头搜集资料的作业员、基本功不够扎实的人无法做出合理正确的判断。在漫长的职业生涯中，每个人都要有作业员的经验，哪怕一次也好。这或许是迈向真正的论点思考的必经之路。

我认为，不知道"大概要做多少什么样的工作，才可以给出什么样的答案"的人，根本无法提出正确的问题和假说。对职场工作者而言，不管在哪个行业，去工作一线实际体验，是一件极为重要的事情。经营决策不是"非黑即白、非零即一"的世界，在"灰色世界"里也必须做出决策。能做出此种决策的人，靠的就是在一线累积的经验。

从论点导出的解决方案

针对前述案例，通过以上步骤，该公司或许可以拟定如下的经营策略。

解决方案A：缩减以儿童为对象的产品品项，从中锁定如"零食点心"类的产品，在这个产品领域中创造一个具有代表性的主力品牌，将之培育成消费者的必买商品。

解决方案 B：在不同于以往的客户群体中，积极创造自家公司最擅长的长销型产品。具体而言，不管是针对成年人还是主打健康的产品领域，都要建立一个与儿童产品一样的制胜模式。

解决方案 A 是重构自家公司最擅长的产品领域的市场策略；解决方案 B 是把原本擅长的策略，横向类推并复制到自家公司以往不擅长的市场领域。

重要的是，避免在接到论点之初就照单全收，并且要注意，不可将整个行业的问题误认为论点。

最糟糕的情况是，对行业发生的现象进行分析，但未经深入推敲就朝着"和业界前几名的公司合并、卖掉亏损的事业部门、退出相关行业"等方向思考。如果管理顾问是从迈克尔·波特的行业结构分析等模式切入的，有可能会往上述方向思考。

第二糟糕的情况是，把全部精力都倾注在缩减成本上，比如努力降低原料成本、重新检视供应链管理等。这些只是权宜之计，在逐渐萎缩的市场中，想要在营收减少的情况下通过缩减成本令获利增加，并非长久之计。

第六章

如何提高论点思考能力

6.1 随时抱着问题意识做事

不断思考"真正的问题是什么"

如果一起共事的上司或同事中,有人能够进行论点思考,则会加速提升下属的论点思考能力。如果没有这样的上司或同事,自己又想提升论点思考能力,可以做哪些努力呢?

若想找出新论点或隐藏的论点,就不能单纯使用左脑的逻辑思考,还需要借助右脑的创意思考。也就是说,在设定论点时,累积经验极为重要,但是究竟要怎么做,才能尽快提升这种能力呢?

事实上,一般职场工作者很少有机会接触到"论点设定",因为这是位于解决问题上游的步骤,通常是由上司发号施令:"这就是问题所在,请你们想出具体的解决方法。"但是,请问各位读者能否因此就认为在成为管理层之前,职位很低的自己根本无缘接触"论点设定"的世界?

答案当然是否定的。

为什么我会这么说?因为如果想要培养准确找到问题的论点思考能力,平时就要抱持追根究底的态度,思考"真正的问题究竟是什么",进而累积经验。自己对事物是否有看法或想法,取决于平常有没有做好论点思考的准备及是否有问题意识。

有人觉得既然上司已经设定好课题或论点并交由自己处理，那么只要推进工作就可以了。但其实"问题意识"将左右自己对工作的使命感、处理眼前工作所需的视野的广度及观察事物所持立场的高度。所谓"问题意识"，指的是针对上司提出的问题寻找更上层的课题或论点，并试图将该上层课题或论点视为自己的问题加以思考。

开发与累积日常实用的工作方法，或是可解决眼前问题的实际做法，对于职场工作者的成长很重要。但是，对中长期的职业生涯而言，问题意识，也就是对工作的使命感或对事物的看法，其造成的立足点的差异，将使职场工作者的眼界更加不同。

当在拟定或实行解决方案的过程中遇到阻碍时，回溯至上游更大的论点，重新思考，每每能发现更具创造力的解决方案。为了提高日常工作的质量和速度，从经验尚浅的阶段起培养不断意识到论点、质疑论点的态度极为重要。

问题意识能够培养论点思考能力

对论点思考而言，最重要的事情在于长期累积经验。但即使累积了等量的经验，有的人设定论点的能力会提高，而有的人却没有任何变化。虽说每个人的能力不同，但其实心态才是关键。

是否抱持着"探求大论点"的心态，将影响思考的方式。比方说，总是思考"课题究竟是什么"的人，与接到指派的课题就立即寻求答案的人，双方的思考方式大不相同。

在晋升到管理层之前，大论点通常是上司指派的。但是，即使同为初入职场的新人，经过日积月累，原封不动地接受上司指派的论点、埋头推进工作的年轻人，与怀着"这个大论点真的正确吗？"等问题意识的年轻人，双方之间的差距将越来越大。纵使开展同一工作，具有"这是对的问题吗？"的想法，即具有问题意识的人做出来的成绩更好。如果敢于挑战上司、提出建议，那就更好了。

从年轻时起，我的个性就比别人莽撞，曾多次对上司指派的大论点表示不同的意见，因此被前辈训斥："你这家伙口气还真大！连分析都不会，竟敢说这种话！"

职场工作者挑战上司，恐怕要具备某种程度的勇气。如果只是在内心深处抱着"这是真正的论点吗？"等问题意识做事，那么人人都可以做到。抱持问题意识是锻炼论点思考能力的第一步。只要抱持这样的态度，就可加速职场工作者的成长，全面彻底地锻炼论点思考能力。

论点设定位于解决问题的上游流程，已在高层上司或直属上司的手中完成，自己只要处理设定好的问题即可——这种情形极为常见。年轻的职场工作者由于资历尚浅，总以为上司指派的就是必须解决的问题。但是，先找对问题，也就是设定对的问题才是最重要的事情。不妨试着质疑上司指派的问题，在心底自问"这是对的问题吗？"这正是论点思考的第一步。

6.2 改变看事物的角度

提升论点思考能力的三要素——视野、立足点、角度

论点思考中最具代表性的态度是"质疑被指派的课题"。在培养论点思考能力时,最重要的是养成随时从不同角度深入观察与思考事物的习惯。不过,改变看事物的角度不是一件容易的事。

有鉴于此,我在角度之外加上了视野和立足点,以此三要素作为重点。为什么这么做?因为在三个要素当中,视野和立足点不但可以立即训练,而且容易彰显成效。

视野——把目光转向平时忽视的方向

通常,当我们称赞一个人"视野广阔"时,指的是他能以360°的全景视野观察事物,而非一直看着同一个方向。就论点思考而言,重要的是随时以广阔的视野观察事物,注意平时忽视的事物。

试着破除不知不觉为眼前的现象或论点所局限的思考惯性,

改从现象或事物的背后及侧面等平时忽视的角度观察。借由此举，崭新的论点将逐渐浮现。

例如，某家公司正在推进缩减成本的项目，重新探讨了降低原料采购费、使用通用零件、精简品项等可行方式，然而怎么做都找不到解答之道。于是，他们决定换个角度观察，回到原点，探讨最根本的成本结构。调查后发现，他们无法保留该公司的生产规模。换句话说，量产才是最有效的缩减成本之道。因此，再怎么努力降低个别要素的成本，也无法建立成本竞争力。

这个案例从总体成本的角度出发，而非着眼于缩减单个零件的成本或降低产品单价等平常事项，如此才令真正的论点浮现出来。

只要掌握论点，具体的解决方案就容易想出来，比如构思新颖的制造方法、通过并购确保企业的必要规模等。当然，实际执行起来并不容易，但讨论时的方向会较为明确。

那么，怎么做才能拥有这种视野广阔的宏观角度？一是试着把注意力转移到平常不大留意的事物上。比方说，商品开发能力强的企业，不妨试着从生产或业务现场的角度看问题。如果是以国内市场为主的企业，可以把目光转向国外市场或国外的竞争对手身上。

当然，也可以站在个人的立场上思考。作为业务人员，平常思考的都是客户或渠道，如果能反过来，把焦点转移到自家公司内部的行政或研发、生产部门，往往会产生不同的看法。

二是第四章介绍的方法：试着易地而处，站在对方的立场思考。重新想一想，如果换作自己，会怎么看待这个问题？借由此举也能产生不同的看法。

立足点——抱持"比现职高两级"的心态工作

所谓立足点，指的是看事物的态度或立场。讲明白一点，就是用更高的眼光看事物。所谓更高的眼光，有时是从现职的角度看事情的眼光，有时是如同飞翔的鸟儿从空中俯瞰地面一般的眼光。

比方说，我在商学研究所授课时，经常对学生说，做事时要站在比现职高两级的立场上考虑问题，而非只高一个层级。如果是没有任何头衔的基层员工，就要站在课长（并非高一个层级的主任）的立场上思考；若是课长，就站在事业部部长（并非高一个层级的经理）的立场上思考；若是董事，就站在社长（并非高一个层级的常务董事）的立场上思考。

如果只从高一个层级的立场上思考，那么在看事情时，往往会与自己的状况联系起来，或是涉及自身的利害关系。如果从高两个层级的位置看事情，就可以超脱自己的立场，进行客观的思考。站在"比现职高两级"的立场上思考事物，自己眼前的课题，即论点，将会更快地浮现。

假设你是一家位于地方城市分店的业务员，客户突然主动提出一笔大的交易，就在你胜券在握、意气风发地前往谈判时，发现对方开出的成交条件是你们必须大幅降价。价格比总公司制定的标准还要少将近一成，纵使往上呈报，也绝不可能获批。这时，你会怎么处理这个问题？

如果站在业务员的立场看这个问题，你当然希望降低价格，接受对方开出的条件以达到成交的目的。而且只要这笔生意成交，你一定可以达成本年度的业绩目标。因此，"如何把杀价金额压到最低，谈成这笔生意"就是论点。

接着，试着从你的上司，也就是分店经理的立场来看这个问题。这时，情况会变得稍微复杂：首先，如果谈成这笔生意，势必能进一步提升分店的整体业绩，但是只靠这笔交易并不足够，离分店的业绩目标还有一大段距离；其次，如果只对这位客户提供优惠，一旦交易价格曝光，其他客户大概会心生不满，甚至可能要求提供同样的优惠价格。

如此一来，即使达成营收目标，离利润目标还是有一大段差距。但是，这笔交易可以帮助你为业务人员树立自信。从激励士气的角度来看，分店经理无论如何都想让这笔交易成交。

最后，如果从总公司业务经理的立场来看这件事，也就是说，从比现职高两级的角度来看，结果会怎样？

如果交易对象是全国连锁店中属于地方城市或乡镇地区的分店，事情会很棘手。因为如果允许单一地区降价，势必会对与对方总部之间的交易造成负面影响。所以，纵使这笔交易可以提高该分店的业绩，或有助于培育接洽这项交易的业务员（也就是你自己）独当一面的能力，答案都是"绝对不可以降价"。

为什么？因为这是全国统一定价的策略问题，一个地方分店为了业绩违反总公司规定的降价策略，兹事体大。

相对于此，假设要求降价的客户只是地方的小企业，也就是说，即使给这家客户优惠也不会对客户的总公司或我方公司造成太大的影响，其结论仍是"绝不降价"。

因为一旦总公司允许分店降价，所有业务单位很可能都会有所耳闻，进一步解读为"不遵守总公司全国统一定价的策略也无所谓"。

那么，在什么情况下，可以允许这笔交易降价？一种情况是，你想出售的商品是在其他地方不可能卖出的商品，如果你的客户愿意认购，有助于你们清理库存；另一种情况是，本年度即将结束，而贵公司的整体业绩能不能较去年有所增长，就看这笔交易能否成功，也就是说，这笔交易将成为决定贵公司今年业绩增长与否的关键。

当然，我们无从得知正确答案究竟是什么。但是像这样站在比现职高两级的立场看事情，往往可以更清楚地看到自己面对的课题的属性或本质，即"大论点"。所以，希望大家从这样的立足点出发思考眼前的事情。

站在比现职高两级的立场思考事物，还有其他好处，如比较容易描绘自己的愿景。在日复一日的例行工作里，很难看到你遥远的未来。假如你设定的目标是当上社长，并以此愿景拟定自己的中长期职业规划，其实是很不实际的，因为将来你是否能当上社长根本是未知数。

比较实际可行的方式是，设定一个比目前职位高两级左右的目标，进一步思考："朝着该职位迈进时，自己欠缺的技能或经验是什么？自己如果升到那个职位，可以用什么方式做事？可以尝试做些什么改变？"这些事情思考起来比较实际一点，而且不会太难。

如果你是基层员工，可以想一想："我想成为什么样的课长？如果有一天我升任课长了，要如何发挥领导力？"如果你是中层领导，可以想象一下："该怎么当一位称职的经理？若要成为经理，应该累积哪些经历？"除了技能或行事作风之外，建立人脉也是达成目标的重要因素。如果你怎么也无法想象成为比现职高两级的自己，或许应该考虑换个职务，或者换份工作。

如果能拥有类似的"论点题库"，自己应做的事情就会相当明确。无法提出论点，代表论点不够明确。或者虽然有很多题库，但是无法找到眼前应该解决的问题。如果论点相互矛盾，也无法解决问题。当题库中的某个问题有了答案，前进方向就会变得清晰可见。在人生的道路上，我们应随时想到五个左右的问题，根据问题的答案确立目标，逐步迈进。

如果选择毫无意义的论点，那么自己不会发生任何改变。若能选择好的论点，自己的很多方面将逐渐产生各种改变，比如时间的运用方式、阅读的书籍、接触的人，甚至是工作的职场，都会有变化。

角度——尝试改变切入点

角度指的是着眼点。换句话说，你究竟"戴着什么样的眼镜"观察事物？或者依据何种范式看待事物？

人们在看事情时，往往会在无意中以刻板印象进行观察，即对事物有自己的一套看法和见解。人们经常不自觉地拘泥于自己的观念，轻易掉入某种模式之中。

BCG的日本代表御立尚资用"视角"一词形容看事情的方法。也就是说，视角不同，看事物的方法也会随之而异。

接下来，我将把通过各种切入点观看事物的方法，分为十种模式加以介绍。这些是我个人的想法，除此之外还有各种不同的方法，希望大家能自行体会琢磨。

（1）反向思考

首先是逆向操作，试着反向思考所有事物。例如，企业往往会从价值链上游出发，思考如何用最高的效率，把产品或服务送到客户手上。这时就可以试着反过来，从下游的角度反向思考。

比方说，大型广告公司通常建议客户，活用电视或报纸等大众媒体的广告宣传。这种方法虽然适合大企业，却与中小企业格格不入。因为中小企业不但没有预算，而且能否打出适合大众的广告也是个很大的疑问。如果从中小企业的立场思考广告宣传的方法，可利用谷歌或雅虎提供的关键词广告（在检索网站输入某个关键词时，搜索结果会显示与该关键词有关的广告）之类的全新商业模式进行。

另外，厂商常会局限于自家公司的定位。这时应该思考，如果是新厂商，他们会怎么看待本行业或此商业模式？可以做什么改变？

汽车保险中的直销型财产保险就是最好的例子。因为直接由保险公司与投保人签约，不通过代理店，所以称为直销。但是这不是其保费低廉的唯一理由。

直销型财产保险的主力商品是细分风险型保险，它运用各种条件，筛选出肇事概率低的群体，再以这些优良驾驶者为对象，提供保费低廉的保险商品。通过电视广告等宣传手法，吸引那些持有良好驾驶记录的人、不常开车的人购买该保险，再把保险金给付额压到最低以确保获利。无论保费多么低廉，只要不必给付投保人保险金，就有利可图。

其实，直销型财产保险能够获利的关键在于"找出驾驶记录良好的群体并制定吸引他们加入的保险"，一般称此做法为"择优"（cream-skimming，意为厂商只提供产品或服务给早已锁定的目标顾客，以最低的成本换取最大的获利）或精挑细选（cherry-picking，意为厂商只挑选高获利的产品或服务进入市场）。

既有厂商往往会延续自身的刻板印象、范式思维，若能像这样，试着从"如果是新厂商会怎么做"的角度出发并思考策略，将出现不同于以往的创新构想。

（2）思考身为业界垫底的厂商，会怎么做

还有一个与此相似的方法，就是思考"如果是业界垫底的厂

商，会怎么做"。王者公司的策略和业界垫底公司的策略必定截然不同。

日本软银公司之所以能提出"软银手机用户网内互相通信免费"的策略，是因为该公司在手机行业的市场占有率低。假设业界龙头 NTT 公司的市场占有率为 20%，软银是 20%。这样一来，有两成的软银手机用户在网内互相通信，那么软银用户之间的相关通话量只占总通话量的 4%（0.2 × 0.2 = 0.04）。对这 4% 的用户免费，能够吸引市场上八成非软银用户中的一部分，且这项投资的成本还算低廉。

相较于此，NTT 的手机用户在网内的通话量，因为是五成的人互相通信，因此占总通话量的 25%（0.5 × 0.5 = 0.25），且占 NTT 总通话费的一半（网内互相通信的用户占 50%，与使用其他通信商的用户通话占 50%）。如果让 NTT 用户在网内互相免费通信，无异于自寻死路。正是因为软银在手机行业的市场占有率低，才能提出 NTT 难以效仿的策略。

（3）用一线的眼光思考

从一线的眼光看事情也极为重要。我经常对管理顾问的后辈们说，务必到一线看看。一线上常常潜藏着解决问题的构想或灵感。但是实际前往的人少之又少，所以若能做到这一点，就能超越竞争者。

我们曾做过一个与银行提款机有关的项目。提款机的运营包括管理、维修、保护等业务。当时，这些业务由不同公司分别处理。我们在设有提款机的现场深入观察了一整天后发现，由一家公司统包所有业务比较有效率。

经过调查后发现，美国早已有公司这么做。该公司拥有提款机设备，并把它租借给银行，然后承包提款机的管理、维修、保护等所有业务。当时，我们提议委托人提供这项服务，由于某些原因这项建议被搁置了。没想到十多年之后，Seven银行引进了相同的商业模式。当年项目团队的先见之明，至今让我们感到相当骄傲。

（4）两极思考

著有《战争论》的军事学家卡尔·冯·克劳塞维茨主张："凡事应从两个极端深入探究。"

我也有这种经验。以前，某家公司新设的部门经营不善，经营者当时正考虑是否撤掉相关事业领域。该部门资金规模约为20多亿日元，有6个事业领域，各领域都拥有5至10项商品，通过遍布日本全国的业务单位进行销售。

我们向该事业部提出彻底缩减规模的建议，把6个事业领域减为3个，品项也减半。这么一来，总品项就减为原来的1/4，接着再把业务地区精简为东京、名古屋、大阪和神户。

这样的提案当然引发了事业部员工的强烈反对，认为一旦这么做，营收将低于原来的一半。不过，该公司最后接受了我们的提案，并付诸实行。

结果发现，部门效率竟然大幅提升。第一年的营收虽有些许减少，但是获利率有所改善；第二年后，营收开始一路攀升。目前，该事业部的规模已扩大到当时的15倍。

（5）从长远的角度思考

不论是经营管理还是商品研发，在进行相关规划时，大部分人只看到未来的两年至三年。其实我们应思考十年后、二十年后会如何，如此一来就会有不同的想法出现。说起来可能有点矫情，一言以蔽之，就是"当一位追梦者"。

例如，探讨汽车行业的发展动向时，如果三十年后石油面临枯竭，则就现状所做的探讨自然不成立。从长远的角度看事情，将看到盲点，有时当下全力投入的事情未必有太大的意义。

（6）源于自然界的想法

自然界的现象常能令我们涌现出灵感。比如"具有相同生态位（指物种觅食的地点，食物的种类和多少，每日及季节性的生物钟）的两个物种不可能在同一个生态系统共存"这句话，指的是栖息在同一个湖里面的鱼类，如果一方吃藻类，一方吃小鱼，则双方都可以生存。但是若有两种捕食相同小鱼的鱼类存在，则一方会被淘汰。BCG的前辈织畑基一曾对我说："企业竞争的情形与这句话形容的一模一样。"

再比如，树木如果不采取间伐的方式，就会枝不壮、根不深，无法全部长成大树。这与企业投入资源一样，想要提升所有员工能力的教育训练、改善所有店铺的计划，大多难以顺利推进。

不过，若能针对部分员工、锁定部分店铺进行训练，则更为可行。因此，自然界中的现象往往能成为企业经营或策略拟定的灵感来源。

（7）来自日常生活的想法

我看到一个年轻人在逛服饰店，她一边看衣服、鞋子、包包，一边用手机打电话。我不经意间听到，年轻人在和妈妈讲话，讨论"我好喜欢这个，可以买吗？"或"你觉得我适合吗？"等。他们似乎也会用电子邮件、短信传送想买的商品的照片给对方，听取对方的意见。

这种场景能够给我们一些启发，让我们了解到，购买行为已经大幅改变，今后卖方不能再墨守成规，更不能只采取以往的做法。

因为在第四章的"参照抽屉"中已经介绍过接下来的三种模式，所以在此仅简单一提。

（8）借鉴类似案例

在某个行业发生的问题，有时在其他行业也会发生，它可以成为我们思考时的参考。

除了前文列举的电信行业步航空行业后尘，面临政策松绑、开放竞争的例子之外，还有其他不胜枚举的案例。

例如，有人主张，汽车行业会变成另一个"个人计算机行业"。一直以来，人们都认为，汽车制造需要具备"高度的涂装技术",所以行业门槛高,并非一朝一夕就模仿得来的。然而,随着只要组装马达、车身、底盘就能完成一辆车的组装型电动汽车问世,"汽车制造业门槛高"的前提已经不复存在了。

若真演变至此,汽车行业将不再像以往一样,旗下拥有许多垂直整合的关系企业或子公司,而是朝着两极化的方向发展。比方说,一个是只要买进零件,就能加以组装、贴牌、销售的品牌汽车制造商;另一个是只负责生产零件,把成品卖给品牌汽车制造商的零件厂商。

事实上,目前确实有零件厂商动作频频。比方说,博世在生产柴油引擎及其相关电子控制组件,然后销售给其他汽车制造商。柴油引擎若能控制得当,不仅会提高效率,排气也较干净。可是这个技术是"黑箱",进入门槛高,至少在控制柴油引擎的零件部分,全球的汽车制造商都必须从博世采购。如果汽车行业朝个人计算机行业的方向发展,掌握汽车关键零件的博世,地位将相当于计算机行业中的微软或英特尔吧?

很多人都有根深蒂固的观念,认为自己所在的行业与众不同。然而其他行业中有很多相似的地方,发展经验都是可以借鉴的。

(9)从顾客的角度看事物

QB House 标榜只需 10 分钟、1000 日元,即可提供只剪发不洗发的快速剪发服务,这可以说是从用户角度出发的典型案例。常客们表示,只要 10 分钟、1000 日元就能完成剪发,真是再方便不过了。

一直以来，传统理发店除了剪发之外，也提供洗发、刮胡子、按摩等全套服务，并将这种模式视为理所当然，不曾怀疑。然而，对于赶时间的顾客而言，他们不需要这种全套服务。虽然费用便宜也是 QB House 成功的秘诀，但我认为最大关键还是在于它满足了人们对速度的需求。

（10）以鸟的眼光、虫的眼光思考

经营者总是从高处、大局看事情，因此必须具备"虫的眼光"，以了解一线工作人员的看法。相对地，在一线工作的人往往会用"虫的眼光"看事情，所以必须同时具备"鸟的眼光"，把自己当成经营者来观察事情。立场改变，看事情的角度与见解也会改变。

提出崭新的构想，对事物拥有他人所缺乏的独到见解——想要具备这种能力，需要有悟性。这不是经过几次训练就能培养出来的能力。不过只要坚持不懈，努力地扩展视野、提高立足点，就能累积经验，从而磨炼出独到的见解或新颖的观点。

BCG 主张"尝试改变切入点"，指的就是改变看事物的角度。例如，已经彻底分析了成本，却怎么也找不出答案时，所谓"尝试改变看事物的角度""试着改变切入点"，就是指"何不试着寻找成本以外的要素"。具体而言，就是试着从品牌的角度思考，或针对流程进行探究，或把焦点放在服务层面上。这些都称为"改变切入点"。

6.3 思考多个论点

提不出问题是很危险的事情

在进行论点思考时，如果想不出多个论点，那你就要小心了。

这时，必须探寻是什么原因造成的。是想法不足或视野狭隘导致只能浮现一个论点，还是完全相反，因为先入为主的想法太强烈而忽略了其他论点？当然，如果你可以不为其他论点所惑，找到唯一一个应该解决的论点，也就是大论点，那么想不出多个论点是理所当然的。但是这种情形少之又少，或者说，这是在长期累积丰富经验之后，才能达到的境界。

最常见的是：首先浮现"这个也许是论点"的想法，接着又出现"慢着，也许那个才是论点"的想法；或是浮现两个以上的论点，但无法判断哪个更重要。

以第二章"经营不善的餐厅"的案例说明，首先根据常识建立"因为难吃，所以客人不上门"的假说。这时就会浮现如下应破解的论点：是毫无消费价值的"绝对型难吃"，还是在价格、地点、服务等对照之下，称不上美味的"相对型难吃"？

如果认为原因出在店铺选址太差，可建立这样的假说：因为地点偏僻，离车站和繁华区太远，所以不值得特地驱车前往品尝。这时应解决的论点就变成了目标客户群体、菜色种类、地点等三者是否彼此吻合。

此外，也可能是因为竞争激烈。比方说，以前的经营状况不错，但是自从三个月前附近新开了一家餐厅，自家的营收就陷入了低迷。若果真如此，就得厘清与别家究竟有没有形成竞争关系，验证该餐厅是否真的抢走了自己的客人。

在观察某个现象时，如果能像这样同时提出多个论点和假说，那就是货真价实的论点。通过比较这些论点，找到关键论点的概率将大为提高。如果涌现出不同层次的论点，那么用更上层的概念重新整合，接近真正论点的概率也会大增。如果拘泥于自己想到的唯一论点，恐怕会漏失更上层的、举足轻重的论点。假如你是唱片公司的产品研发人员，有可能执着于更高质量的CD录音技术，却毫未察觉社会潮流早已从CD转向从网络下载音乐的现象。

众多论点涌现，不将所有论点仔细调查一遍就不甘心，这种做法有待商榷，可称其为"穷尽式思考"或"MECE成瘾"。

不过，这么轻易就能找到论点吗？我想这才是读者最基本的疑问。

究竟怎么做才能正确地设定问题？不管是个人还是企业，都有相同的困扰。

解决方案之一是，平常养成一个习惯，除了思考"问题是这个"或"解决方案是这个",至少再试着思考另一个问题或答案。以咨询行业为例,管理顾问大多是凭借质疑客户的苦恼或时时具备问题意识谋生的,可以说训练有素,练就了一身"随时随地寻找其他论点"的功夫。

但是,职场工作者经常盲目服从于上司交代下来的课题,往往默不作声地立刻着手去做,很少对课题的级别有所疑虑。不过,多思考几个解决方案也不是那么困难的事情。换句话说,要毫不怀疑地接纳大论点,主动多思索几个中论点。

假设业务人员有个"如何提升业绩"的论点,那么在这个前提下,可以有两个想法:一是"是否应多拜访几家客户";二是"是否应减少拜访客户数,改成集中拜访几家客户"。此时可以做一下实验。这个月多拜访几家客户,下个月集中于几家客户进行深入访谈。通过这一过程,就可切身感受到解决方案究竟是什么。

思考替代方案时,上下左右的论点很重要

拟定论点的替代方案的能力极为重要。当上司交代的课题是"破解论点 A"时,员工往往会将其因数分解后着手解决。实际上应该思考的是,在论点 A 之外或许还有与其并列的论点 B。当上司说"因为商品竞争力比较差,所以败给了竞争对手"时,若真正的问题在于成本结构,那么纵使着力提升商品竞争力、思考商品本身的问题,也毫无意义。

如果具备思考不同论点的能力,就比较容易想到解决方案。

原因如下：

假设某论点 A 有①、②、③三个解答（替代方案）。而除了论点 A 之外，还有论点 B，论点 B 存在异于论点 A 的解决方案④、⑤、⑥。

因为有解决方案④的存在，所以在论点 A 的解决方案①、②、③当中，何者才是最佳解决方案变得清晰可见。这种情形司空见惯。有时候因为知道论点 B 的存在，使得①、②、③都变成毫无意义的解答。碰到这种状况时，只能说论点 A 本就不是方向正确的好论点。

接下来，我以补习班的案例来说明。

假设你是一家补习班的员工，发现附近出现一家评价颇佳的竞争对手。对方使用自行编写的教材，因授课方式浅显易懂而深获好评，学生人数不断增加。深受威胁的班主任对你说："我们也该想想对策，想办法增加学生人数才行。"

对上司的论点"增加学生人数"（论点 A）进行因数分解之后，你想到了三个方案：①发广告单；②降低学费；③若介绍同学来，介绍人就能免缴注册费等。然而，对策能否奏效，是个未知数。

考虑到父母费尽苦心想让小孩接受更好的教育的心情，降低学费或提升认知度可能比不上好口碑吸引人。于是，你注意到"提升教学质量"（论点 B），认为这才是足以与深受好评的竞争对手相抗衡的手段。这么一来，你就会觉得④挖掘补习名师；⑤提升现任教师的指导能力；⑥建立符合学生需求的制度等论点比较有效（详见图 6-1）。

诚如第四章"将论点结构化"一节中阐述的，当上司交代论点给下属时，重要的是先试想在同一层次上，是否有其他截然不同的论点，其次再思考是否有涵盖各论点的上层论点。

图 6-1 思考上下左右的论点

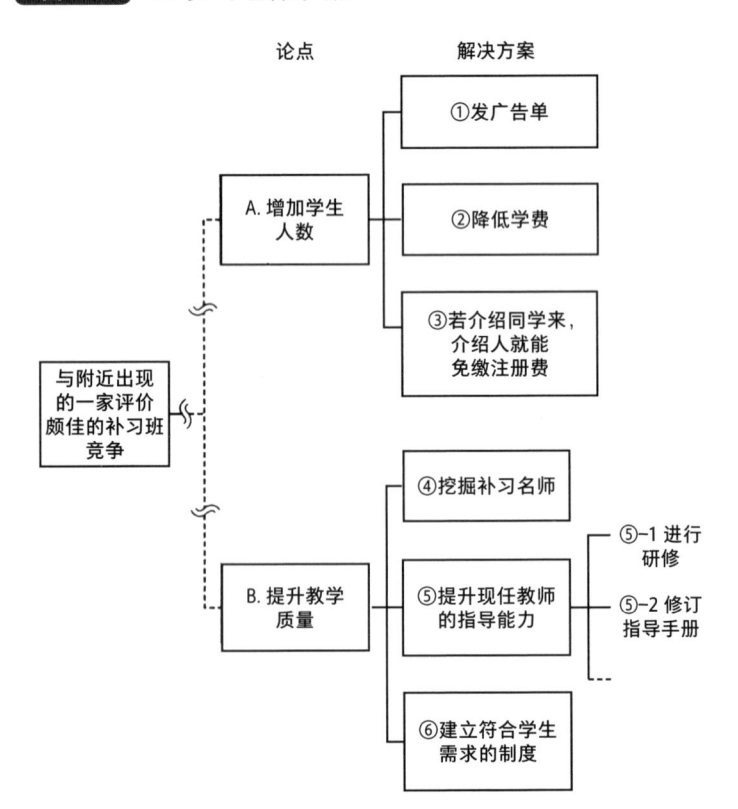

```
                    论点              解决方案

                                  ┌─────────────┐
                                  │ ①发广告单    │
                                  └─────────────┘
              ┌──────────┐        ┌─────────────┐
              │A.增加学生 │────────│ ②降低学费    │
              │  人数    │        └─────────────┘
              └──────────┘        ┌─────────────┐
                                  │ ③若介绍同学来,│
                                  │  介绍人就能   │
                                  │  免缴注册费   │
                                  └─────────────┘
┌──────────┐
│与附近出现 │
│的一家评价 │
│颇佳的补习班│
│  竞争    │
└──────────┘                      ┌─────────────┐
                                  │ ④挖掘补习名师 │
                                  └─────────────┘
                                                      ┌─────────┐
              ┌──────────┐        ┌─────────────┐    │⑤-1 进行 │
              │B.提升教学 │────────│ ⑤提升现任教师 │────│  研修   │
              │  质量    │        │  的指导能力   │    ├─────────┤
              └──────────┘        └─────────────┘    │⑤-2 修订 │
                                                      │指导手册 │
                                  ┌─────────────┐    └─────────┘
                                  │ ⑥建立符合学生 │
                                  │  需求的制度   │
                                  └─────────────┘
```

明确自己所主张的论点

提出关于事物的主张时，思考自己"在何种论点结构中主张什么"极为重要。如果一步步追问自己为什么如此主张，随之会浮现不同的论点，同时会在自己的论点之上发现更上层的论点。另外，如果了解公司内部与自己抱持不同意见的人是如何思考的，对哪个部分主张何种解决方案，则会进一步靠近最终的解决方案。

假设你是玩具厂商的经营企划人员，虽然贵公司的主力商品儿童游戏卡的市场占有率没有改变，但是游戏卡市场逐年萎缩，营收、获利双双下降。为提高市场占有率，你考虑加强公司业务能力较弱的地方，开发新客户，并重新检视业务人员的配置，着力降低成本。但是业务经理反对这个提案，认为应该降低成本，缩减为了拓展新客户所需的业务费，把资源集中在挖掘既有客户上。

如图 6-2 所示，在你组织的论点结构里，了解反对者主张的论点与解决方案，是一件非常重要的事情。由此你将知道业务经理的思考重点既不是开拓新客户，也不是重视既有客户或重新检视业务人员的配置，而是重新检视业务费。也就是说，业务经理重视降低成本胜于提升市场占有率。

想象反对者的意见

在思考替代方案时，可以站在反对者的立场，刻意用批评的

图 6-2 看透对方的论点

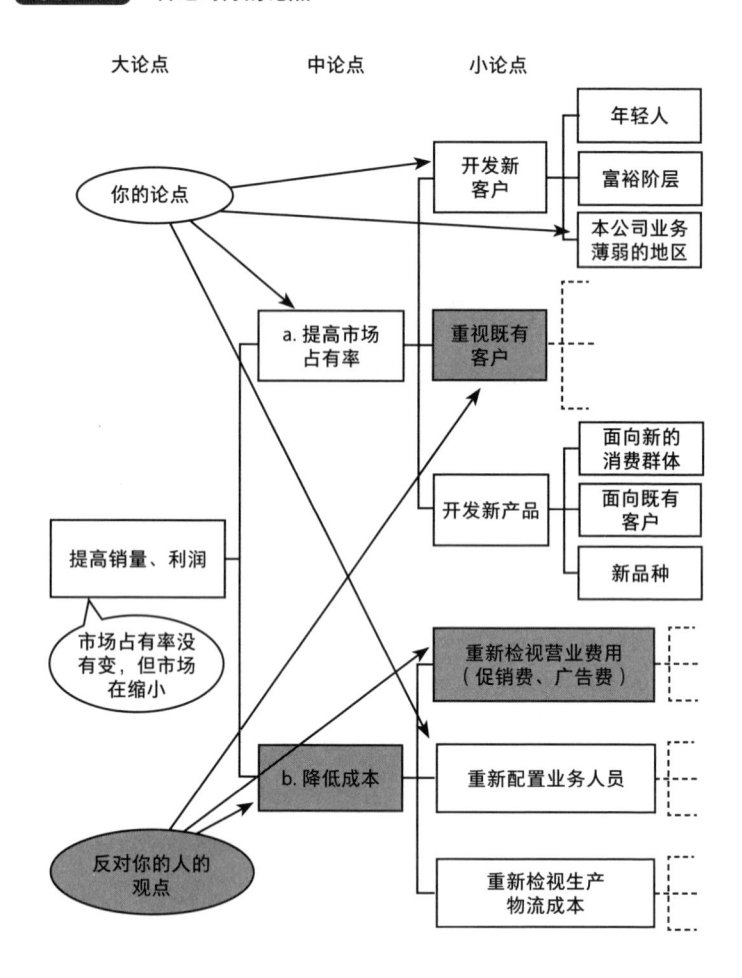

大论点	中论点	小论点

你的论点
→ 开发新客户
　　├ 年轻人
　　├ 富裕阶层
　　└ 本公司业务薄弱的地区

→ a. 提高市场占有率
　　└ 重视既有客户

→ 开发新产品
　　├ 面向新的消费群体
　　├ 面向既有客户
　　└ 新品种

提高销量、利润

（市场占有率没有变，但市场在缩小）

b. 降低成本
　　├ 重新检视营业费用（促销费、广告费）
　　├ 重新配置业务人员
　　└ 重新检视生产物流成本

反对你的人的观点

眼光看待自己的方案。我常用这个方法，想象反对者的，思索换成是他会怎么挑剔我的主张或提案。通过这样的方式，往往能浮现出替代方案。

当我想说服客户，让客户接受我的提案时，常常使用这个方法。

例如，有人提议午餐去吃中国菜，但是所有人都反对。反对的理由有很多，有的说"昨天晚上才吃过中国菜，今天不想再吃"，有的说"中国菜太贵，我不想吃"。另外，有的人其实也很想去吃中国菜，但因为提议的人是×××，所以故意反对。在组织里面，这种情况不胜枚举。

在理解这些情况的前提下，提出替代方案有助于解决问题。

如果一起吃午餐的同行者中包括社长，而且社长说，"昨天晚上才吃过中国菜，今天不想再吃"，那么无论如何强烈建议吃中国菜，你的意见也不可能被采纳。这时，提议吃除中国菜之外的料理或问"不知道社长想吃什么？"更有助于解决问题。

当然，如果早已知道社长昨晚吃的是中国菜，那么从一开始就可以提议去吃寿司。所以，事先掌握状况再好不过。

如果你的立足点没有跳出主观想法，就提不出替代方案。只知道中国菜的人，恐怕提不出寿司这个替代方案。再者，有些人虽然能提出替代方案，却偏离了对立轴。"是吃中国菜，还是吃寿司？"这个提案确切考虑了对立轴。若是"是吃中国菜，还是喝咖啡？""是吃中国菜，还是吃炒饭？""是吃中国菜，还是买东西？"等，就不是位于对立轴的论点。

在日常生活中，这些事情都是理所当然的，是一般的常识。但是，一旦在工作中遇到这些问题，往往会有不少人把不同层次的论点相提并论并扰乱讨论。我们务必随时提醒自己，千万不要成为这种人。

若要找到确切的对立轴，必须拥有较高的立足点。优秀的职场工作者总会站在比现职高两级的立场上思考事物。

6.4　增加抽屉

问题意识有助于充实抽屉中的内容

我曾在前面谈到"参照抽屉"的概念，每个人的脑海中或多或少都有这种虚拟的抽屉吧？我有20格抽屉，每格抽屉里面又各有20种题材。但是，一个新手如果想突然建立起像我这样的抽屉，恐怕只会手足无措。

我建议大家这么做：首先，准备两格抽屉；其次，再于每格抽屉中分别存放两个左右的题材（案例）。在使用过程中，放入同一抽屉的题材数目会不断增加，等到自己感兴趣的领域或工作所需的领域增加时，再一格一格扩充抽屉的数目。

运用抽屉处理工作时，应该怎么逐步强化抽屉呢？

我认为"问题意识"扮演着重要的角色，此时的"问题意识"也可称为"兴趣"或"好奇心"。只要具有问题意识，自然会注意到社会上的各种现象，进而将之储存到抽屉里。问题意识不仅会在意识层面发挥作用，还会在无意识层面发挥作用。如此一来，即使阅读的是毫不相关的领域的杂志，需要的信息仍会自动被你已经打开的信息天线接收。

其实，大脑会自动抓取对自己有意义的知识。

自己独有的问题意识将会和"与某人的对话""街上看到的风景"等现象发生碰撞，擦出火花，我称之为"冒火花"。另外，某个现象和另一个现象会经由问题意识相互碰撞。例如，我曾在前面提及少子化是一种现象而非论点。这时，只要具有"真正的论点是什么"的问题意识，就会思考少子化问题的本质是什么，并和自己的抽屉里已储存的现象、粮食问题等碰撞、结合。虽然人们认为少子化是个问题，但是如果从粮食问题的层面观察，似乎并非如此。

不搜集、不整理、不记忆

以前我曾非常刻意地努力增加抽屉的个数。但是，仅是搜集和整理信息，也就是输入的作业就已经令人忙不过来，根本没办法进行最重要的信息活用，也就是输出。这可以说是本末倒置，一心想要灵活运用信息，结果反被信息玩弄。即使花了十分的力气输入、储存，能用的也顶多是两至三分。

有鉴于此，我改变了想法，思考究竟怎么做才能只花两三分的努力储存信息，而在运用时能做到十分。具体而言，就是在搜集信息的阶段"彻底地偷工减料"，完全凭感觉（兴趣），把看到、听到的现象当作信息。对搜集到的信息也完全不做整理，不勉强自己记住。唯有这个方法，才是能够持之以恒且有效率地灵活运用信息的快捷方法。

虽说我希望大家高举"问题意识"的天线，但是不勉强大家搜集信息。自然而然地撷取信息却不刻意整理，我一直在日常生活中践行着这个方法。

只要抱有问题意识，很多事情会在脑海里留下印象。此时若记录在计算机里或卡片上会很麻烦，所以可以放进脑海里，用"√"做标记。

比方说，今天吃到美味的食物，心想："哇！这道菜超好吃！"万一发现奇怪的事情，内心就发出"咦？"的问号。这么一来，这些信息会自然而然地累积起来，等下次看到类似现象时就会回想起来。

例如，偶然在电视连续剧中看到一位可爱的女演员，但通常不会因此而立刻下载节目或在网络上搜寻，或者问朋友："那个演××连续剧的可爱女演员是谁？"

大部分人都是过目即忘，不会再去回想。有时碰巧又看到同一位女演员。这样一来，"天线"就会升高，心想："咦？上次好像也看到过她。"但还是不会做出什么举动。等到第三次，又在其他节目中看到同一位女演员时，就会把她放进记忆里。我的想法是，这样就足够了。

各位读者在工作时，最好不要太紧绷，抱持上述"看到可爱女演员"的想法，轻松看待信息即可。觉得"哇！""咦？"时，只要挂起"意识的挂钩"就好。对于感到"好吃、有趣、奇怪"的事物，则在脑子里用"√"做标记。虽然把信息储存在抽屉里很重要，但如果过度地储存信息，反而会出现精疲力竭的副作用。

遭人反驳时，记得闭嘴聆听

假设有一位新进的管理顾问独自向客户提供方案，如果客户提出反驳，大部分管理顾问会想极力说服对方。他也劝说对方接受自己的提案，然后回到办公室向上司报告："客户似乎有点不满意，不过经过我的劝说，他还是采纳了我们的提议。"但是当上司前往拜访对方时，客户还是觉得很不满意。

遇到客户提出反驳意见时，比较有经验的管理顾问会当场聆听对方的意见。先闭上嘴巴仔细倾听，再解决客户觉得有问题的地方，然后如实向上司报告。这样一来，上司就能了解客户究竟担心什么事情，进而重新拟定提案。有时会针对客户不满意的地方进行修正，有时则会明确突显对立轴（两个对立的选项），以方便客户做决策。

懂得聆听的管理顾问，比较能获得客户的好评。客户通常会称赞："只要告诉某人我的想法，事情就能顺利进行。"当双方的想法出现分歧时，其实是机会来临之时。当双方的意见对立时，千万不要辩解或防卫，而应倾听对方的意见与想法，这样论点将逐渐清晰可见。

说得极端一些，"倾听"其实等于"问题意识"，如果是在抱持问题意识的态度下聆听，对方不经意间说出的话，也会被自己的"天线"接收。但是如果没有问题意识，对方的话就会左耳进，右耳出。倾听可以让我们根据接收到的信息，提出关键问题。此外，对方一句无心之言，也可以带给我们灵感。事实上，很多时候都是因此找对问题、察觉论点的。

6.5　论点思考的效用

如何指派成员完成工作

BCG 的合伙人森健太郎先生非常知人善任，也很擅长培育人才。因此，我向他请教分派工作给项目成员的方法。

他表示，把希望解决的课题分派给项目成员时，通常有四个模式，他以"虎鲸"为例做出了详细说明。

这里有四个关于虎鲸的问题：

① "虎鲸是鱼吗？"（根据假说提出的疑问）
② "虎鲸是鱼类还是哺乳类？"（非黑即白的清楚论点）
③ "虎鲸属于生物的什么类？"（开放式的论点）
④ "虎鲸是什么样的生物？"（一般问题）

事实上，这四个问题分别呈现出论点的四种不同模式：

① "虎鲸是鱼吗？"是基于"虎鲸是鱼"的假说而提出的问题。

②"虎鲸是鱼类还是哺乳类？"是非黑即白的二选一论点。
③"虎鲸属于生物的什么类？"是开放式的论点。
④"虎鲸是什么样的生物？"是无从预期究竟会出现什么解答的模糊提问。

如果你是团队的领导者，当你把这些问题抛给成员时，会引起什么反应？

如果设定"虎鲸是什么样的生物？"这种问题，项目成员将提出如"身形庞大""住在海底""凶猛"等漫无边际、没完没了的广泛性答案。因此，最好避免提出这样的问题。

但是，当你问大家："虎鲸属于生物的什么类？"项目成员就不会无所适从、犹豫不决。如果问"虎鲸是鱼类还是哺乳类？"，大家更不会迟疑了。

森健太郎表示，以管理顾问执行的项目为例，项目负责人分派工作给成员时，如果能把诸如"虎鲸属于生物的什么类？"之类的开放式论点当成背景，向项目成员说明，再从"虎鲸是鱼类还是哺乳类？"等二选一的论点出发，进行工作的委任，项目就会顺利进行。换句话说，就是运用②和③的论点。

那么，为什么不以"虎鲸是鱼吗？"这样的论点提示假说？事实上，直接用假说对项目成员暗示答案具有风险。

第一个风险是，过度锁定论点，恐怕会忽略其他可能存在的论点，或是项目成员懒得再去想其他可能的论点。举例来说，当专案成员接到"请你验证虎鲸是不是鱼"的指示时，可能完全不会考虑"可能虎鲸是哺乳类或两栖类生物"等论点。而且,当假说无从验证时,也就是确定了虎鲸不是鱼时,就得重新设定论点,再次从建立假说做起。虽说只要重做一遍就好,但总会多花一些时间。

第二个风险与第一个风险有关,即无法培养项目成员主动思考论点的习惯。一旦思考习惯根深蒂固,认为上司总会指示论点,自己只要验证即可,将永远无法培养项目成员论点思考的能力。结果是,他们终其一生都只是善于验证假说的分析员或作业员。这样的人一旦被委以管理部门的重任,可能完全发挥不出作用。相反地,如果给予类似②这种二选一的论点,或像③这种稍微开放的论点,成员可能会针对应该比较的对象主动调查,进而发现不同的论点。虽然一再重复,但我仍要强调,如果存在"对立轴",将提高浮现鲜明论点的概率。

最后一个风险是,人们通常会根据先入为主的成见,只挑选对自己方便的信息建立逻辑。换句话说,我们通常不会意识到"自己看到了何种事实?该怎么解释这个事实?"之类的思考过程。因此,我们不会向对方一五一十地说明自己的思考过程,也不会验证这个过程是否正确,更不会对自己的思考过程心存怀疑,就好像自己思考的一切都是事实一样。为了避免这个风险,思考"黑或白?对或错?"极为重要。

如果问项目成员:"虎鲸是鱼吗?"大家只会说:"虎鲸游于海里,与鲨鱼一样都是吃鱼的肉食类动物,怎么看都是鱼。"但是,如果问大家:"虎鲸是鱼还是哺乳类动物?"项目成员就会明确分辨鱼类和哺乳类的差异，从而知道二者的差异是卵生或胎生，进而提出"虽然乍看之下虎鲸像鱼类，但其实是哺乳类动物"的答案。

视成员的能力，分别使用不同层次的论点

当你对专案成员或下属说"这是大论点，请大家思考一下"时，大家通常会呆若木鸡。因为论点实在太大，大家不知道从哪里下手。因此，必须将大论点逐步分解成中论点或小论点，使其成为团队成员能够实际执行、完成或采取行动的"单位"。

就管理顾问而言，接到指派的中论点后，能逐步分解成小论点的人，可称为优秀的管理顾问。而接到中论点后，还是不知从何下手，必须要为其提供小论点的人，就是所谓资历浅的管理顾问。身为上司或项目负责人，应该像这样视成员的能力、程度，改变指派论点的方式。

举例来说，某食品厂商正在为质量问题而苦恼。社长交代下来的论点是"进一步提升产品的品质，抢占行业第一的地位"。

但只是这样通常无法做事。只是笼统地说"品质"，究竟是指口味、食品安全，还是形状或数量？因为不知道社长的言下之意是什么，所以下属很难拟定实际的行动方案。

事实上，"品质"包含许多层面。项目负责人在了解这个情况的前提下，做出了如下分析。

这个公司的产品口味在业界享有盛名，而在食品安全方面，

该公司使用的原料也慎重到堪称保守的地步，验货程序也非常严格。于是，项目负责人推测社长所指的"品质"是当消费者购买商品或看到商品时，有质量参差不齐或掺杂瑕疵品的情况。

这么一来，当设定"提升品质"为大论点时，可排除口味和食品安全等中论点，仅提出"产品瑕疵"作为中论点。

当把论点分解到这个层次后，其中一种做法是把问题直接丢给管理顾问，请对方想一想怎么做才能解决"产品瑕疵"问题。不过，即使如此，还是有管理顾问不知道该从何下手。

如果遇到这种情况，必须协助管理顾问进一步将中论点分解为小论点，然后再下达指示。例如，指示具体的工作内容，要求对方调查"产品瑕疵是在工厂的生产阶段发生的，还是在公司内部的物流过程中产生的？或是原料有问题？"等。除此之外，因消费者弄错食品的保存方法或食用方法，造成其误以为产品出现瑕疵的案例也不在少数。由于每一个都是论点，所以可称之为"小论点"。

当然，有的管理顾问会把论点进一步细分，分解到"作业"层次。碰到这种管理顾问时，必须给予如下指示："调查生产阶段的瑕疵品的方法是先看相关资料，再亲自到一线听取工厂人员的说明。另外，到达一线后可以顺便看看××。"

身为领导者，必须像这样区分并使用论点，视成员的能力分解论点，甚至做出细分到实际作业层次的指示。就管理顾问这行而言，只要累积三年左右的经验，就可以采取"大论点是这个，中论点以下就由你自行思考处理"之类的方式分派工作。被交代这类工作的人，会觉得自己的成长获得了上司的肯定。

相对于此，上司必须给予第一年新来的员工小论点，提示论点的暂定答案（假说），再验证该假说。

为了培育人才，给予论点胜于给予假说

曾有 BCG 的资深顾问主张，比起给予假说，提示论点更容易把成员带往正确方向。该资深顾问认为，论点思考是人才管理的精髓。重要的是，下属或项目成员清楚理解了"论点究竟是什么、论点和假说有什么不同"，并可采取行动。

如果上司提出假说，告知"请针对这一点证明看看"，这时团队成员中会出现两种类型：一种是不假思索地针对假说进行证明的类型；另一种则是喜欢独立思考，如果直接给予其假说或暂定的答案，就会觉得缺乏挑战以致提不起干劲的类型。一位有能力的职场工作者通常希望自己找出价值，不会全盘接受上司指派的假说，而是自行思索假说并加以证明，从中找到乐趣。有这种想法的职场工作者自然会逐渐成长。

假使上司明知如此，却对成员说"论点是这个，假说是那个，你只要负责验证即可"，则不仅无法激励成员，而且成员的工作质量也会下降，他们也不会成长。当然，如果一般公司的员工人人都有主动发掘论点的工作动机，才是极为罕见之事。

若要刺激成员的想象力或创造力，应给予其某种范畴，让他们自行思考"哪里真的有问题"。

如果上司把针对论点所提的答案过度强调为假说，成员就会对论点深信不疑，或是认为不能质疑上司指派的任务，而极力想要证明假说是正确的。因此，对于"虎鲸是鱼吗？"这个问题，成员会为了讨好上司，不断搜集"因为虎鲸会游泳，所以是鱼""因为虎鲸是肉食类生物，所以是鱼"之类的信息。万一假说是错误的，就要承担很高的风险。

因此，职位越高，越应尽可能以论点和下属沟通。

下属不能因为上司把灰色说成白色，就为了讨好上司不假思索地附和。在是黑还是白的论点中，明确表示"在我看来那是黑的""虽然介于黑与白之间，不过我觉得偏白色"极为重要。另外，在发现和上司的意见相左的信息时，成员不能因为感觉"这个信息缺乏整合，大概是我调查错误"，就擅自舍弃已经调查多时的信息。

这里存在工作动机和培育人才的问题。

针对"白色"的假说，逐步证明其确实是白色的工作，说得极端一点，需要调查和分析能力。另一方面，针对"是白色还是黑色"做出抉择，需要判断力和决策力，也就是要培养下属或项目成员足以代表公司的、指着难以界定的灰色说"我们觉得是白色"的能力。

这是将下属从普通项目成员培养为项目负责人或经营者时最重要的关键。能力越优秀的成员，越希望自己动手做。从这个意义而言，应该刻意让成员自行思考，让他们有机会体验因亲自决策而必须面临的两难局面。

偶尔容许失败

就像假说思考一样，经验对论点思考起着重要作用。但是并非只要累积经验就好。如果只会按照上司或客户指示的论点默默解答，也许问题解决能力会提升，但是发现问题的能力，也就是论点思考能力很难进步。

因此，如果希望下属能够提升论点思考能力，上司就不要事先给予课题，而应进行训练，促使对方思考课题本身。一开始的时候，对方可能会挖掘截然不同的论点，或者花很长时间才能找到正确答案，又或是找错了论点，白白浪费时间且找不到解决方案，或是思考了错误的解决方案等。

但是，这些试错或耗费时间的过程，全都会成为未来的养分。当然，有人属于那种即使自己没有亲身经历，只要借鉴他人的失败或成功经验，或是通过阅读就能培养论点思考能力的人。不过，大多数时候都得亲身经历"做中错、错中学"的过程，才能真正使之化为自己的能力，这才是论点思考。

因此，身为上司，即使知道论点或答案，也不要急着立刻揭晓，应该让下属自己思考，动手做做看。如果他们进行得不顺利，再给予一些提示，要耐心地指导他们。

最好的方式是提醒自己，让下属积累这类经验将提高他们论点思考的能力。并且应以较为长远的目光来看待他们犯下的错误。通过这样的方式，必定能培养下属，自己也会发现在不知不觉中具备了培养管理者所需的领导能力。因此，论点思考不仅能培育下属，也能带动上司的成长。

6.6 论点与假说的关系

论点思考与假说思考密不可分

论点思考指的是"设定应该解决的问题"的过程，位于解决问题的最上游。假说思考则是以"暂时的答案"为基础进行思考。二者既非对立的概念，也不是具有上下层关系的概念，更不是何者为先、何者在后的顺序关系。相信看过图 6-3 之后，大家就能一目了然，两者呈现"如果论点思考是横线，假说思考就是纵线"

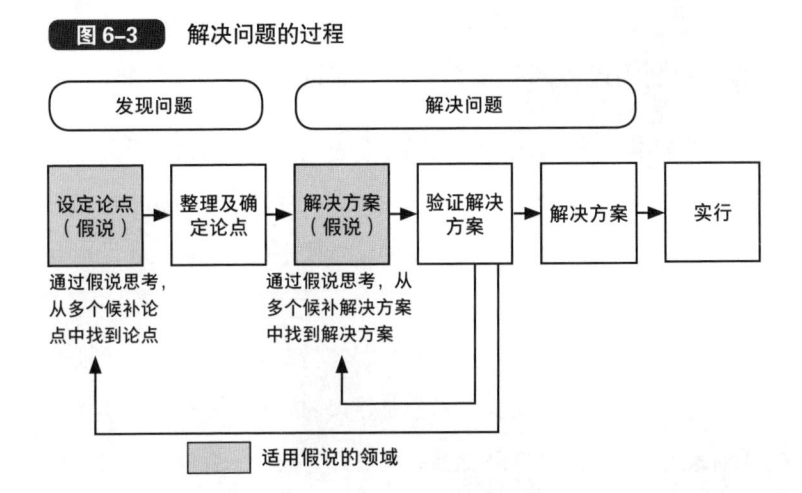

图 6-3 解决问题的过程

```
发现问题                    解决问题

┌─────────┐  ┌─────────┐  ┌─────────┐  ┌─────────┐  ┌─────────┐  ┌─────────┐
│设定论点 │→ │整理及确 │→ │解决方案 │→ │验证解决 │→ │解决方案 │→ │  实行   │
│ (假说) │  │定论点   │  │ (假说) │  │ 方案   │  │         │  │         │
└─────────┘  └─────────┘  └─────────┘  └─────────┘  └─────────┘  └─────────┘
通过假说思考，            通过假说思考，从
从多个候补论              多个候补解决方案
点中找到论点              中找到解决方案

                  ▨ 适用假说的领域
```

的关系。

换句话说，如果把工作中的问题解决过程分为①发现问题→②解决问题→③实行三个步骤，论点思考在发现问题的过程中最能发挥作用。

发现问题的过程即论点思考的过程，可分为设定论点、整理及确定论点两个步骤。能够在前半部分的"设定论点"中发挥作用的就是假说思考。另外，在问题解决过程中思考解决方案的假说时，假说思考也扮演着重要角色。

不过，在现实工作中，很少会如此单纯地由左进行到右，常会发生一些状况，比如：建立的假说有误，在讨论解决方案时又重新回到"发现问题"这一步；或是在验证解决方案的过程中，只要对某个问题点，即论点做出定论，就可决定解决方案，换句话说，在解决问题的过程中也会出现论点。

解决问题的过程，其实需要再三来回

诚如本书所述，论点会随着时间进化，因此有时会重复一遍图 6-3 的过程。另外，为了阐明大论点，会将其分解成中论点或小论点，有时也可能发生确定了中论点或小论点之后，才发现大论点并不妥当的情况。

此外，在解决问题的过程中，很容易发生以下情况：验证过答案之后，发现解决方案的假说是错误的，导致必须重新建立有关解决方案的假说。关于这点，笔者在《波士顿咨询工作法：精准预测答案》一书中已经反复说明。

　　因此，论点思考绝非由上游到下游，只朝单一方向前进的思考方式。其真实面貌是，必须随时自问"应该解决的问题（大论点）是什么"或"若要解决这个大论点，必须针对什么样的中（小）论点提出解答"等，再三进行修正。希望各位读者能了解论点思考的真实面貌，灵活运用论点思考。

后　记

自《波士顿咨询工作法：精准预测答案》一书付梓以来，已经过近四年的岁月。本书和《波士顿咨询工作法：精准预测答案》是一个系列，理应早一些出版，却因我的怠慢而大幅延后。

简单来说，《波士顿咨询工作法：精准预测答案》把重点放在解决问题上，而《波士顿咨询工作法：精准发现问题》则把重心放在发现问题上。诚如本书第六章所言，二者并非毫不相干。在发现问题的过程中，假说思考不可或缺；在解决问题的过程中，论点思考也频繁出现。

《波士顿咨询工作法：精准预测答案》和本书在撰写的形式上，都希望做到让读者不论先阅读哪一本，都能理解我所阐述的内容。因此我想，已经读过《波士顿咨询工作法：精准预测答案》的读者，足够有能力掌握发现问题和解决问题的方法的全貌；而先阅读《波士顿咨询工作法：精准发现问题》的读者，也可清楚理解发现问题这一最重要的事情。

承蒙许多人士的协助，我才得以顺利完成本书。首先，东洋经济新报社的编辑黑坂浩一先生以及水资源研究专家，同时也是著述家的桥本淳司先生，从书的企划阶段至文章的结构，皆不吝给予指导。另外，我任教的早稻田大学商学院夜间MBA课程内田研究室的二期生与三期生，也协助阅读了本书初稿，并指出了艰涩难懂之处或错误等。如果身为职场工作者的读者们觉得本书浅显易懂，都应归功于他们。再者，如果没有我任职BCG时期的秘书阿部亚衣子小姐的协助，本书也将无法完成。

本书的内容多半是我任职于BCG长达二十五年的工作生涯中，从事管理顾问工作时累积的经验，在此再次向BCG致谢。在职期间，我参与了数百个项目，而执笔本书的动机，是希望把通过参与这些项目而形成的个人方法论，设法传达给社会上的职场工作者。在此一并向项目成员及客户致以最深的谢意。

为了避免沦为主观的、自以为是的方法论，我也拜托BCG日本分公司的诸位合伙人，拨出长达数小时的时间，和我一起讨论或接受我的访谈，对于这些盛情，我铭记在心。在此虽不一一列举他们的大名，但是本书是在这十多位合伙人的协助下完成的。当然，有关本书的内容，由我负担一切责任。

最后，在此祈愿每位读者从此都能看清问题的本质，能快速解决问题，从怎么思考都解决不了，解决了也没有成效的问题枷锁中解脱出来！本书也在此告一段落。

内田和成

图书在版编目（CIP）数据

波士顿咨询工作法. 精准发现问题 /（日）内田和成著；萧秋梅译. -- 北京：中国友谊出版公司，2022.7
ISBN 978-7-5057-5391-4

Ⅰ.①波… Ⅱ.①内… ②萧… Ⅲ.①工作方法—通俗读物 Ⅳ.①B026-49

中国版本图书馆CIP数据核字(2022)第023520号

著作权合同登记号　图字　01-2021-6628

RONTEN SHIKOU by Kazunari Uchida
Copyright © 2010 Kazunari Uchida
All rights reserved.
Original Japanese edition published by TOYO KEIZAI INC.

Simplified Chinese translation copyright ©2021 by Ginkgo(Beijing) Book Co.,Ltd.
This Simplified Chinese edition published by arrangement with TOYO KEIZAI INC.,Tokyo, through Bardon Chinese Media Agency,Taipei.

本书中文简体版权归属于银杏树下（北京）图书有限责任公司。

书名	波士顿咨询工作法：精准发现问题
作者	[日]内田和成
译者	萧秋梅
出版	中国友谊出版公司
发行	中国友谊出版公司
经销	新华书店
印刷	嘉业印刷（天津）有限公司
规格	889×1194毫米　32开 6印张　129千字
版次	2022年7月第1版
印次	2022年7月第1次印刷
书号	ISBN 978-7-5057-5391-4
定价	38.00元
地址	北京市朝阳区西坝河南里17号楼
邮编	100028
电话	（010）64678009